Clive Edwards

Muster lesen

Clive Edwards

Muster lesen

Stile und Motive erkennen und verstehen

Haupt Verlag

Die englische Originalausgabe ist 2009 unter dem Titel HOW TO READ PATTERN bei Herbert Press erschienen, einem Unternehmen von A&C Black Publishers Ltd, GB-London

Copyright © 2009 Ivy Press Ltd, GB-Lewes

Aus dem Englischen übersetzt von Sybille Heppner-Waldschütz, D-Königs Wusterhausen

Satz und Umschlag der deutschsprachigen Ausgabe: Verlag Die Werkstatt, D-Göttingen

Redaktion der deutschsprachigen Ausgabe: Kirsten Rachowiak, D-München

Printed in China

Bibliografische Information der *Deutschen Nationalbibliothek*

Die Deutsche Nationalbibliothek verzeichnet diese Publikation in der Deutschen Nationalbibliografie; detaillierte bibliografische Daten sind im Internet über http://dnb.d-nb.de abrufbar.

ISBN: 978-3-258-60071-0

Alle Rechte vorbehalten.

Copyright © 2013 für die deutschsprachige Ausgabe Haupt Bern

Jede Art der Vervielfältigung ohne Genehmigung des Verlages ist unzulässig.

www.haupt.ch

Zum Autor:
Clive Edwards studierte Designgeschichte am Royal College of Art und am Victoria & Albert Museum in London. Heute ist er Dozent für Kunst- und Designgeschichte an der Loughborough University. Neben Monografien über Einrichtungstextilien hat er zahlreiche Zeitschriftenartikel zu den Themen Möbel, Einrichtung, Innenausstattung und Architektur veröffentlicht. Er ist Autor mehrerer Bücher, darunter der *Encyclopedia of Furnishing Textiles, Floorcoverings and Home Furnishing Practices 1200-1950 (2007)*.

Wünschen Sie regelmäßig Informationen über unsere neuen Titel zum Gestalten? Möchten Sie uns zu einem Buch ein Feedback geben? Haben Sie Anregungen für unser Programm? Dann besuchen Sie uns im Internet auf www.haupt.ch. Dort finden Sie aktuelle Informationen zu unseren Neuerscheinungen und können unseren Newsletter abonnieren.

Umschlagbilder:
vorne: Gypsy Design © Neisha Crosland
Paisley Design © Archana Bhartia / 123RF
hinten: © V&A Images, Victoria and Albert Museum

Inhalt

Einleitung	6
Muster: wie und wofür	10
Natur	38
Pflanzen	58
Tiere	82
Stilisierte Muster	104
Geometrische Muster	126
Abstrakte Muster	146
Objekte	166
Raster und Streifen	184
Der Mensch	204
Thematische Muster	224
Anhang	
Glossar	246
Quellen: Literatur und Museen	251
Register	252
Dank und Bildnachweis	256

EINLEIT

Von simplen, zweifarbigen Ginghamkaros bis zu komplexen, mehrfarbigen Rapportmustern mit komplizierten historischen Darstellungen, von leinwandbindigen Geweben bis zu Samt und von einzelnen, gestickten Meisterwerken bis zu serienmäßig produzierten Drucken waren und sind textile Muster ein wesentlicher Bestandteil von Bekleidung und dekorativen Objekten. Ob wir sie in Museen und Galerien betrachten, tagtäglich oder nur zu besonderen Gelegenheiten tragen oder zum Schmücken unseres Heims und unserer Gebäude verwenden – wir haben es ständig mit den verschiedensten Textilien zu tun. Textilien sprechen eine eigene Sprache, und unser Verständnis von ihnen wird vertieft durch die Kenntnis des verwendeten Vokabulars, der Symbolik und Bilder, derer sich der Designer bedient, sowie der eingesetzten Gestaltungs- und Konstruktionstechniken. Für den Versuch, diese Sprache zu klassifizieren, kommen mehrere Systeme infrage. Häufig werden Muster grob in vier Kategorien unterteilt: floral, geometrisch, abstrakt und thematisch (bildhaft). Im vorliegenden Buch ist die Welt der Muster in zehn Kapitel gegliedert, die die enorme Bandbreite an Designs genauer abbilden. Jedes dieser Kapitel

UNG

führt den Leser in den Zauber textiler Muster und das riesige Spektrum an verschiedenen Einflüssen ein, die sie geprägt haben. Zu diesen Einflüssen zählen Geografie, Technik, Politik, Geschichte, Erfindung, Mode und Symbolik, ferner andere Kunst- und Designströmungen der jeweiligen Entstehungszeit.

Das erste Kapitel dieses Buchs stellt die Materialien, Techniken und Verwendungszwecke gemusterter Textilien vor. Dann folgt ein Kapitel über Dessins mit eher allgemeinem Naturbezug, an das sich mit Kapiteln zu Flora und Fauna eine Betrachtung spezifischerer Naturthemen anschließt. Weitere Kapitel befassen sich mit stilisierten, geometrischen und abstrakten Mustern, der Abbildung von Alltagsobjekten, mit Rastern und Streifen sowie mit Darstellungen, die auf dem Menschen basieren. Den Abschluss bildet ein Kapitel über Muster, die zum Nachdenken oder Diskutieren über ihr Sujet anregen (thematische Muster). Dieses Buch ist Nachschlagewerk und Augenschmaus zugleich. Gönnen Sie sich daher einen ausführlichen Blick auf die Muster – und lassen Sie sich von ihrer Welt überraschen.

Aufschlussreiche Hinweise

Es gibt eine Reihe von Hinweisen, anhand derer sich die Geheimnisse jedes beliebigen gemusterten Stoffs entschlüsseln lassen. Ein guter Ausgangspunkt ist die Textilie selbst. Wie wurde sie hergestellt? Produktionsweise, Webart, Druckmethode, Stick- und Spitzenfertigungstechnik leisten alle ihren spezifischen Beitrag zum Erscheinungsbild des fertigen Musters. Welche Farben und Färbemittel wurden verwendet? Ist der Stoff für Teppiche, andere Einrichtungsgegenstände oder Bekleidung gedacht? Zum täglichen Gebrauch oder für besondere Gelegenheiten? Und schließlich: Welche Art von Muster oder Motiv weist er auf? Letztere Frage ist von entscheidender Bedeutung, da eine fundierte Kenntnis der Musterelemente und jeweils verwendeten Formen und Motive das Muster- und Designverständnis des Betrachters maßgeblich vertieft.

Natürliche Formen
Die meisten Kulturen stellen Muster her, die der Natur entlehnte Formen aufweisen. Ist man mit mehreren Variationen vertraut, kann man den mutmaßlichen Herkunftsort präziser bestimmen und verschiedene Stile, vom japanischen Bambusblatt bis zur Jugendstilmohnblume, sicher identifizieren.

Abstraktion

Bäume im Wald oder abstrakte Linien? Mitunter entsteht ein Muster erst im Auge des Betrachters. Durch die Abstraktion wird die Vorstellungskraft freigesetzt und der Blick auf die verschiedenen Möglichkeiten eröffnet.

Geometrie

Viele der ältesten Muster basieren auf geometrischen Formen. Obgleich diese bei moderneren Interpretationen bunt gemischt sein können, genügt bei diesem Beispiel schon ein kurzer, kritischer Blick, um Kreise, Dreiecke und Rechtecke als grundlegende Formen auszumachen.

Kulturelle Bezüge

Manche Muster stehen in unmittelbarem Bezug zu dem Land oder der Kultur, die sie hervorgebracht haben. So denkt man bei Schottenkaros sofort an Schottland, bei kunstvollen kalligrafischen Verzierungen an die islamische Musterkultur und bei komplexen, verschlungenen Knotenornamenten an keltische Motive.

Symbolik

Mitunter wurde ein Motiv aus einem Grund gewählt, der jenseits seines bloßen Erscheinungsbildes liegt. Handelt es sich bei diesem lebendigen Design lediglich um die Darstellung eines Obstgartens voller früchtetragender Bäume oder hat es eine tiefere Bedeutung? Eine gewisse Kenntnis des Kontexts hilft dabei, das Motiv einzuordnen und eventuelle weitere Bedeutungen zu verstehen, die der Gestalter vermitteln wollte.

Einleitung

Die wichtigsten Musterungsmethoden für Textilien sind Weben, Drucken, Bildwirkerei und Sticken sowie Techniken der Spitzenanfertigung. Da das Weben mittels eines Webstuhls erfolgt, richtet sich die Breite des Musters nach der des Webstuhls und wird entsprechend mit voller, halber, viertel etc. Breite angegeben. Beim Drucken ist je nach angewandter Methode eine ganze Reihe von Mustern möglich. Die Bildwirkerei bietet reichlich Raum für die Herstellung hochkomplexer Entwürfe (ein Grund, weshalb Tapisserien so häufig bildliche Darstellungen zeigen). Dies gilt auch für das Sticken und die Spitzenanfertigung, wo die Muster ebenfalls beliebig komplex sein können, aber gewöhnlich ein erheblich kleineres Format aufweisen.

Bildwirkerei, Detail, Frankreich, um 1475–1490
Dieses aus Wolle und Seide geschaffene Stück aus Tournai erzählt die Geschichte des Trojanischen Kriegs. Kämpfer in Rüstungen des 15. Jh. und prachtvoll gekleidete Edelleute neben einem prunkvollen Zelt veranschaulichen eindrucksvoll, welch feine bildliche Details diese Technik ermöglicht.

Baumwolle, England, um 1830–1840
Die Vorliebe für die romantische Bildsprache des Mittelalters, vom frühen bis mittleren 19. Jh. für die Inneneinrichtung beliebt, spiegelt sich in dem kunstvollen Design mit gotischen Fenstern wider. Durch den einfachen vertikalen Rapporthalbversatz dieses bedruckten Dekorationsstoffs wirkt das bildhafte Design noch komplizierter.

Satin und Seide, Indien, um 1850
In Kettenstich fein mit Seidengarnen bestickt, weist diese Rockbahn zarte florale Blattmotive und eine florale Saumbordüre auf. Während die Farbe des Untergrunds charakteristisch ist für Stickereien aus Gujarat, Kutch (Indien), sind die floralen Motive offensichtlich von Moguldesigns inspiriert.

Baumwolle, England, 1891
Mit Modeln bedruckter Einrichtungsstoff mit Narzissenmotiv, entworfen von John Henry Dearle, Chefdesigner für Morris & Co. Sein Stil verkörpert den typischen Ansatz der Arts-and-Crafts-Bewegung mit seinen naturalistischen Darstellungen, hier allerdings kombiniert mit türkischen oder persischen geometrischen Elementen.

Seide, England, 1971
Dieser im Siebdruckverfahren bemusterte Kleiderstoff aus Chiffon, ein Entwurf von Zandra Rhodes, verrät den Einfluss der Pop- bzw. Hippiekultur seiner Entstehungszeit. Die Faszination für „Flower-Power" wird deutlich in den stilisierten, in kindlich-naivem Stil gehaltenen Blüten mit knopfförmiger Mitte.

Techniken: Weben

Die Bindungsarten zum Weben von Mustern lassen sich in drei Hauptkategorien einteilen: Leinwandbindung (auch einfache Gewebebindung, Zweischaft-, Tuch-, Taft- oder Kattunbindung), mehrschäftige Bindungen und komplexe Bindungen. Für die Leinwandbindung verwendet man ein Websystem, bei dem jeder Schussfaden abwechselnd über und unter einen oder zwei Kettfäden geführt wird, wodurch ein ausgewogenes Erscheinungsbild aus sich kreuzenden Fäden entsteht. Ändert man lediglich die Farbe der Schuss- oder der Kettfäden, erhält man Streifen, und ändert man die Farbe von Schuss- wie Kettfäden, ergibt dies ein Karomuster. In der Schaftweberei wird die Kette zur Bildung eines – meist kleinen geometrischen – Musters in einigen Bereichen angehoben. Zusammengesetzte Bindungen und Mehrfachgewebe wie Damast oder Brokatelle werden gewöhnlich auf einem Jacquardwebstuhl gefertigt, bei dem die Musterbildung über Lochkarten gesteuert wird. Ein leinwandbindiges Grundgewebe mit zusätzlichen Garnen für Schlingen oder einen Flor ergibt Frottier, Samt oder Cord.

Seide, Frankreich, um 1700

Kostspieliger, als Kleiderstoff verwendeter Damast, mit farbigen Seidengarnen und silbervergoldetem Faden broschiert. Das Design zeigt Samenkapseln und Blütenköpfe, die in zwei sich wiederholenden, parallel zur Webkante verlaufenden Reihen angeordnet sind. Die Entstehung dieses speziellen Musters und Farbkombination wird auf den Beginn des 18. Jh. datiert.

Musterbuch, England, frühes 18. Jh.
Diese Seiten mit Illustrationen in Bleistift sowie Aquarell- und Körperfarben vermitteln eine Vorstellung von der damaligen Arbeitsweise eines Gestalters. Die zu fertigenden Muster wurden üblicherweise auf Papier ausgearbeitet, ihre Interpretation war Sache des Webers. Die abgebildeten Designs sind typisch für den lebhaften floralen Stil jener Zeit.

Samt, Italien, 19. Jh.
Bei der Samtweberei müssen die Polfäden über Drähte gewebt werden. Sind die Schlingen gebildet, werden die Drähte entfernt und der Pol gleichmäßig aufgeschnitten. Hier wird das Kronenmotiv von symmetrischen Arabesken mit abstrakten Rundungen sowie stilisierten Zweigen und Blättern gestützt.

Seide, England, 1862
Dekostoff „Raphael" von Daniel Waters & Sons, für die Londoner Weltausstellung von 1862 in Jacquardtechnik gefertigt. Beim Jacquardwebstuhl kann jeder Kettfaden einzeln angehoben werden, was wunderschöne, außerordentlich kunstvolle Musterungen ermöglicht.

Seide, Detail, England, 1850–1880
Fragment mit stilisiertem Paisleymotiv. Dieses bei zahlreichen Textilien anzutreffende Ornament beruht auf einem tropfenförmigen Pflanzenmotiv aus Persien. Die persische Bezeichnung für die unter anderem auch als Birne und Pinienzapfen bekannte Form lautet *boteh* (siehe Seiten 114/115).

Techniken: Drucken

Man unterscheidet bei Druckverfahren vier Haupttypen. Beim Direktdruck verwendet man Druckstöcke (Modeln) oder Reliefwalzen zum Bedrucken des Stoffs. Die Druckstöcke sind für gewöhnlich höchstens 41 cm lang und breit, während die Walzen generell eine maximale Rapporthöhe von 56 cm haben. Der Tiefdruck mittels Platten wurde später vom Rouleauxdruck abgelöst, obwohl auch schon der Tiefdruck feine Linien und subtile Schattierungen ermöglichte. Beim Siebdruck handelt es sich um eine Form des Schablonendrucks. Da die abgedeckten Siebbereiche das Durchdringen der Farbe verhindern, lassen sich mithilfe mehrerer Siebe ohne Weiteres mehrfarbige Drucke herstellen. Bei Handsiebdrucken unterliegt die Rapporthöhe des Musters keinerlei Beschränkung, bei maschinellen beträgt sie normalerweise maximal 1 m.

Baumwolle, England, 1770er-Jahre
Bedruckter Bettbehang aus einem im Kupferplattendruck dessinierten Stoff aus der Produktion von Nixon und Co. Diese Technik erlaubte Details und Darstellungen von einer bis dahin unerreichten Feinheit und Zartheit. Zudem gestattete sie erheblich größere Muster für Rapporte, wodurch sich ideale Stoffe für Vorhänge und Bettbehänge kreieren ließen.

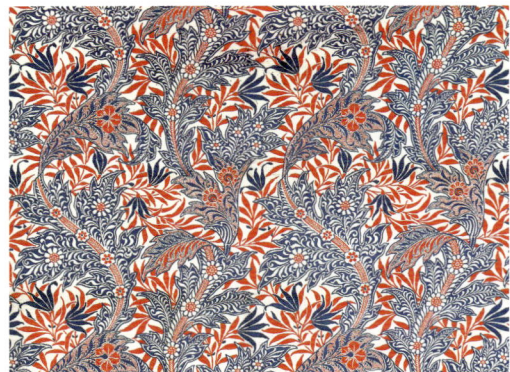

Baumwolle, England, 1888
Ein gewundenes Rapportmuster aus stilisierten Blättern zeigt dieser Baumwollstoff mit Modeldruck, der 1888 von Lewis Foreman Day entworfen wurde. Trotz deutlicher Anleihen bei früheren Mustern ist das wirbelnde, rapportierende Dessin charakteristisch für viele beliebte Arts-and-Crafts-Textilien des späten 19. Jh.

Baumwolle, England, um 1923
Dieser von Minnie McLeish für William Foxton entworfene Art-déco-Dekorationsstoff wurde auf der Pariser Weltausstellung von 1925 präsentiert. Die großformatigen Blüten und Schmetterlinge verleihen ihm lebhaften Charme und verraten den Einfluss englischer Textilien des späten 17. Jh.

Baumwolle, England, Detail, 1934
Von dem gebürtigen Tschechoslowaken Reco Capey gestalteter Modeldruck auf einem von der Arts and Crafts Exhibition Society ausgestellten Vorhang. Die Blumen und Blätter sind in gedeckten Farben gehalten, wie man sie häufig mit Inneneinrichtungen des Art déco verbindet.

Baumwolle, England, 1973
„Salad Days" (Salattage) heißt dieses Design von Kay Politowicz für Textra Fabrics, das dem Betrachter aus dem im Siebdruckverfahren dessinierten Dekostoff geradezu entgegenspringt. Der Rapport entsteht durch eine amüsante Gegenüberstellung von unerwarteten und miteinander kontrastierenden Elementen.

Techniken: Bildwirkerei

Bei der Bildwirkerei entstehen Textilien mit Oberflächen aus dicht gedrängten Schussfäden, wobei sich die einzelnen Fäden nicht über die volle Breite des Stücks erstrecken müssen. Tatsächlich wird das Muster aus Schussfäden aufgebaut, die nach Bedarf eingearbeitet werden. Daher verdeckt der Schuss vollständig die Kette, was die Arbeit beidseitig verwendbar macht. Die Technik ist sehr vielseitig und dient zur Anfertigung von Kleidungsstücken, Teppichen und Behängen mit Mustern und bildlichen Darstellungen. Obgleich uralt, wird sie heute fast unweigerlich mit gewirkten Wandbehängen (Tapisserien) in Verbindung gebracht. Infolgedessen haben einige andere Formen von Bildwirkerein wie schwere geometrisch gemusterte Kelims oder zarte chinesische seidene *kesi*-Arbeiten, bei denen es sich technisch gesehen ebenfalls um Tapisserien handelt, trotz ihrer oft erstaunlich schönen Designs an Bekanntheit eingebüßt.

Bildwirkerei, südliche Niederlande oder Flandern, um 1476–1510
Dieses Stück zeigt die Geschichte von Susanna im Bade, gerahmt von einer Bordüre mit den Wappen der Familien Gossenbrot, Relinser und Welser. Bordüren mit Laubvoluten und Vögeln beschränken sich auf Tapisserien, die in diesem Zeitraum für deutsche Auftraggeber gefertigt wurden.

Bildwirkerei, Detail, Frankreich, spätes 15. Jh.
Die Darstellung des Trojanischen Kriegs auf dem berühmten Tournaiteppich strotzt vor herrlich ausgeführten, lebendigen Kampfszenen, Königen, Königinnen, Kriegern und Pferden. Hier sieht man König Priamos und seine Edelleute in zeitgenössischer Bekleidung vor den Toren Trojas.

Bildwirkerei, Italien, um 1560
„Mannesalter", in Florenz aus Wolle und Seide gefertigter Bildteppich aus der Reihe *Das Leben des Menschen*. Tapisserien wurden häufig als Reihen hergestellt, bei denen jeder einzelne Wandbehang einem Kapitel einer Geschichte entsprach. Oft zeichneten berühmte Künstler die Kartonvorlagen für die Bildwirker.

Bildwirkerei, England, um 1600–1610
In den Sheldon-Werkstätten für Bildwirkerei hergestellter Kissenbezug aus Seide und Wolle mit der Darstellung der Rückkehr des verlorenen Sohnes. Der Entwurf basiert zwar auf einem flämischen Design, doch seine Naivität und die leuchtenden Farben weisen ihn eindeutig als englische Arbeit aus.

Bildwirkerei, England, 1900
Diese Arbeit mit wollenem und seidenem Schuss auf baumwollener Kette zeigt Pomona, die Göttin des Garten- und Obstbaus. Entworfen von dem bedeutenden Künstler Edward Burne-Jones und ausgeführt in den Werkstätten von William Morris, verkörpert das Stück in seiner Verbindung von Mythologie und Naturalismus den Designansatz der Arts-and-Crafts-Bewegung.

17

Techniken: Sticken

Beim Sticken handelt es sich um ein im Prinzip einfaches, aber ausgesprochen vielseitiges Bemusterungsverfahren. Trotz der enormen Vielfalt der verwendeten Stiche unterscheidet man nur vier grundlegende Techniken: Anlegestickerei (auch Aufheft- oder Abheftstickerei), Reliefstickerei, flache Vor- und Füllstickerei und gezählte Stickerei. Die Wahl des Stichs bestimmt das Erscheinungsbild des Musters. So füllt etwa der Satinstich (Plattstich) eine Fläche aus, während der Vorstich oder die Anlegestickerei eine Form konturieren. Unter Nadelmalerei (Krüwell-Stickerei) versteht man eine freie, nicht fadengebundene Sticktechnik. Da man auch Formen mit gebogenen Linien sticken kann, empfiehlt sich das Sticken für kleine detaillierte Verzierungen. Gestickte Muster können von erlesener Feinheit sein.

Leinenstramin, England, um 1570–1585
Wandbehang aus Oxburgh Hall, gestickt von Maria Stuart, Königin von Schottland, und ihren Damen während Marias Gefangenschaft unter Königin Elizabeth I. Das Gros der Meereskreaturen und Schiffsmotive wurden von Holzschnittillustrationen aus Wappenbüchern und Naturgeschichten kopiert, die Maria Stuart sehr viel bedeuteten.

Leinen und Baumwolle, England, um 1660–1700
In Nadelmalerei verzierter Vorhang, bei dem die Stickerei in einem feinen zweifädigen, von 1660 bis 1720 sehr beliebten Stickwollentyp ausgeführt ist. Solche Designs waren von zeitgenössischen bestickten, bedruckten und bemalten indischen Textilien beeinflusst, die von der Ostindien-Kompanie nach Europa importiert wurden.

Wolle, England, um 1700–1750
Leicht, dekorativ, frivol und asymmetrisch, wie es ist, lässt das federleichte, zarte, in Wolle auf Wolle gestickte florale Muster dieses Vorhangs den Einfluss des Rokoko erkennen. Trotz Stilisierung kann man die Blumen identifizieren.

Leinen, Detail, Griechenland, 18. Jh.
Diese mit Seidengarn bestickte, sich verjüngende Stoffbahn von der Insel Kos ist Teil eines sogenannten *sperveri* oder zeltförmigen Vorhangs, der ein Bett umgibt. Das Muster besteht aus einer vertikalen Reihe rautenförmiger Motive und einer schlichten Bordüre aus einzelnen Sternen.

Seide, Indien, 19. Jh.
Aus der Region Kutch im Norden Indiens stammt dieses atlasbindige, mit erlesener Seidenstickerei in Form eines Rades oder Spinnennetzes verzierte Kunstwerk. Das Wagenrad symbolisiert den hinduistischen Sonnengott Surya.

19

Techniken: Spitzenanfertigung

Erstmals in Italien und Flandern hergestellt, handelt es sich bei Spitze um ein weitmaschiges netzartiges Textilgebilde, das häufig aus Leinen besteht. Generell unterteilt man Spitze in vier Kategorien: Stickspitze, Nadelspitze, Klöppelspitze und Maschinenspitze. Stickspitze basiert auf einer Reihe von Musterungstechniken wie Ausschnittstickerei, Ausziehstickerei, Netzstickerei mittels Knüpfen und Besticken von Netzen (Filetstickerei) und Stopfen auf einem Netzgrund (Burattospitze). Nadelspitze wird mit nur einem Faden und einer Nadel mittels Knopflochstich kreiert und erinnert insofern an Stickerei. Klöppelspitze wird aus zahlreichen, auf Klöppel gewickelten und auf unterschiedliche Art miteinander verdrehten Fäden gefertigt, die beim Verdrehen dank der Fixierung durch Stecknadeln straff gespannt bleiben.

Spitzenborte, Italien, um 1630–1640
Klöppelspitze mit herabhängenden Teilen, die radförmige Medaillons beinhalten. Die Querstreifen oben weisen unterschiedlich geformte achtzackige Sterne auf, die auch in den Medaillons vorkommen. Deren Aussehen geht möglicherweise eher auf die Herstellungstechnik als auf eine angestrebte symbolhafte Gestaltung zurück.

Spitze, Flandern, um 1725–1750
Im Zentrum des recht unruhigen Dessins dieser in Brüssel gefertigten Klöppelspitze (Brüsseler Spitze) liegt ein schlossähnliches Gebäude, das von Blüten und Blättern umgeben ist. Derart komplexe, in der Herstellung sehr zeitaufwendige Motive machten solche Spitzen zu kostspieligen Accessoires für die Reichen jener Zeit.

Spitze, Belgien, 1850er-Jahre
Hochmoderner Schleier oder Schal mit einer Kombination von Nadel- und Klöppelspitzmotiven. Die Randbordüre aus Girlanden mit stilisierten, zu Sträußen und Gruppen angeordneten Farnen und Blüten ist Ausdruck der Mitte des 19. Jh. herrschenden Vorliebe für üppige florale Muster.

Spitze, Belgien, um 1860–1870
Mit seinem Untergrund aus maschinell gefertigter Netzware ergibt dieser Entwurf, der Nadel- und Klöppelspitze in sich vereint, einen hauchzarten, als Kleiderbesatz gedachten Volant. Die sich wiederholenden Voluten-, Blattwedel- und Ananasmotive spiegeln das Wiederaufblühen des Rokoko im mittleren bis späten 19. Jh. wider.

Spitze, Deutschland, 1884
Im späten 19. Jh. entwickelte die Mittelschicht im Zuge ländlicher Regenerierungsprojekte eine Vorliebe für rustikale Spitzen. Im sächsischen und böhmischen Teil des Erzgebirges wurde die Herstellung von Torchonspitze gefördert. Die naive Gestaltung des Baummotivs ist typisch für den rustikalen Stil.

Techniken: Teppichknüpfen

Abgepasste Teppiche können auf verschiedenste Art gefertigt werden. Die bekannteste Methode ist das Einknüpfen einer Reihe von Knoten in die Schnittpunkte zwischen den Kettfäden und eingelegten Schussfäden. Die sogenannten Orientteppiche werden in unendlich vielen verschiedenen Musterungen produziert, die häufig von der Herstellungsregion abhängen. Knüpfteppiche werden weltweit gefertigt. Bei Stücken aus dem Nahen und Fernen Osten beinhalten die Dessins oft Symbole und Motive, die ohne Weiteres interpretiert werden können und in ihren Ursprungskulturen fast universell verstanden werden. Europäische Designs sind häufig rein bildhaft.

Teppich, Persien, spätes 16. bis frühes 17. Jh.
Nicht nur die Bordüre mit weißem Hintergrund macht dieses safawidische Stück so bemerkenswert, sondern auch die lebendigen Darstellung der Tiere inmitten floraler Motive. Die Qualität dieses Teppichs mit wollenem Pol auf seidener Kette und Schuss ist außerordentlich hoch.

Teppich, Transsylvanien, 17. Jh.
Beim Handknüpfen entstehen bisweilen interessante asymmetrische Effekte, da der Knüpfer versucht, ein ganzes Muster auf begrenztem Raum unterzubringen. Bei diesem in Wolle auf baumwollenen Kett- und Schussfäden geknüpften Beispiel reichte der Platz nicht aus, um die Kartusche in der rechten oberen Bordürenecke zu vollenden.

Teppich, Detail, England, 1889

Dieser farbenprächtige, komplexe Entwurf von William Morris besteht aus Arabesken mit stilisierten Blüten und Vögeln. Seine Symmetrie ist über die vertikale Mittelachse gespiegelt und weist selbst bei genauer Betrachtung der Details eine exakte Übereinstimmung auf.

Teppich, Detail, Persien, 17. Jh.

Hier hat sich der Designer zwei verschieden großer Gitter bedient und sie leicht gegeneinander versetzt, um eine regelmäßige Rapportstruktur aus Blüten und Blättern zu erhalten. Solche Entwürfe wurden später für die maschinelle Produktion kopiert, doch dieses Stück wurde von Hand in Wolle und Seide geknotet.

Teppich, Kaukasien, 19. Jh.

Zwei sehr ähnliche Motive zeigt diese Arbeit mit handgeknüpftem, wollenem Flor auf wollener Kette und Schuss. Die inneren Motive haben zwei unterschiedliche Umrandungen, die ihrerseits von stilisierten Palmwedeln gerahmt sind. Der gesamte Teppich wird von einer symmetrischen Bordüre umschlossen.

Techniken: Färben

Das Färben ausgewählter Stoffbereiche ist eine weltweit verbreitete Methode zur Erzeugung von Mustern, die angewandten Techniken sind zahlreich und vielfältig. Sie umfassen zum Beispiel die Abbindereservierung, die Nähreservierung, die Stärke- oder Wachsreservierung und die Ikatfärberei. Bei den Reservierungsverfahren (auch Reserveverfahren) werden Teile des Stoffs mit einem Reservierungsmittel abgedeckt, sodass nur auf den abgedeckten oder abgebundenen Bereichen ein Muster entsteht (oder umgekehrt nur auf den freien und nicht abgebundenen). Beizen wie Alaun schaffen eine chemische Verbindung zwischen andernfalls flüchtigen Farbstoffen und dem mit ihnen behandelten Stoff, wodurch die Muster farbecht werden. Zu den traditionellen Beizen zählen unter anderem Salz, Essig, Zitronensaft und Lauge.

In ein Album montiertes Textilfragment, Japan, 19. Jh.
Indem mit Reispaste, die man durch eine an einem Stoffbeutel befestigte Metallspitze drückt, ein Muster auf den Stoff gezeichnet wird, versieht man diesen mit einer Beschichtung, die beim Färben das Eindringen des Farbstoffs verhindert. Auf diese Weise kommt bei der Stärkereservierung das Dessin zustande.

Baumwolle, England, 1883
„Strawberry Thief" (Der Erdbeerdieb) gilt als einer der berühmtesten Entwürfe von William Morris. Das mit Indigoätz- und Modeldruck erzeugte Design ist inspiriert von den Drosseln, die häufig aus dem Küchengarten von Kelmscott Manor, Morris' Haus in Oxfordshire, Erdbeeren stahlen.

Seide, Detail, Indien, spätes 19. Jh.
Für den Export nach Indonesien kreiertes Zeremonialtuch oder *patolu* mit Elefanten- und Tigermotiven. Diese Art von Seidengewebe war eine Spezialität der Weber von Gujarat, die sich einer höchst raffinierten Doppelikattechnik mit einem auf Vorrat gefärbtem Garn bedienten.

Baumwolle, China, um 1880–1950, und 20. Jh.
Diese Jacke und Stoffbahn illustrieren die in Japan als *kasuri* bekannte Ikatfärbetechnik, bei der die Garne zur Herstellung von Mustern abgebunden werden. Solche Dessins sind oft minimalistisch, abstrakt oder stilisiert – hier weisen beide Textilien schlichte florale Muster auf.

Baumwolle, Detail, England, 1935
Vorhang aus im Ätzdruckverfahren bemustertem Stoff. Bei dieser Methode wird zunächst der Stoff einfarbig gefärbt, ehe man mithilfe eines aufgedruckten Bleichmittels das Muster gestaltet. Dieses Design von Reco Capey wurde auf der Brüsseler Weltausstellung von 1935 präsentiert.

Material: Garn

Garne, die grundlegenden Materialien zur Herstellung der meisten Textilien, bestehen sowohl aus natürlichen als auch aus synthetischen Fasern. Früher webte man Stoff aus Woll-, Leinen-, Seiden- und Baumwollgarnen, doch im 20. Jh. erweiterte sich das Spektrum infolge des wissenschaftlichen Fortschritts um synthetische Materialien wie Polyester, Nylon und Viskose. Die jeweiligen Garne verfügen über unterschiedliche Eigenschaften, die das endgültige Erscheinungsbild des Musters auf einem Stoff beeinflussen. So ist Seide weich und besticht durch einen luxuriösen Schimmer, Baumwolle ist dagegen fest, glatt und fein, wodurch sie hervorragend Farbe annimmt. Die strapazierfähige Wolle macht sich gleichermaßen gut für Bodenbeläge und Mäntel, während Leinen traditionell als Grundgewebe für Stickereien dient.

Wolle, England, um 1845–1850

Teil eines Satzes gewebter Paramente, die von A. W. N. Pugin zum Gebrauch in der St. Augustine's Church entworfen wurden. Diese stand auf dem zu seinem Haus gehörigen Grundstück in Ramsgate, Grafschaft Kent. Das Muster, dem ein kleines, sich wiederholendes Medaillon mit einer Krone zugrunde liegt, zeigt ein Monogramm in gotischen Lettern.

Seide und Wolle, England, 1879
Auf dem Jacquardhandwebstuhl gefertigter Vorhang in Grün, Creme und Blau mit dem Dessin „Flower Garden" (Blumengarten), gestaltet von William Morris. Einen Querschnitt sich wiederholender, regelmäßig angeordneter Blüten findet man auch bei mehreren anderen Werken des Künstlers aus dieser Zeit. Die Farbgebung geht auf Metallintarsien zurück, die Morris einmal gesehen hatte.

Leinen, England, 1931
Neben vielen anderen Verwendungszwecken blickt Leinen auf eine lange Tradition als Einrichtungsmaterial zurück. Es lässt sich gut färben und wird gern als Druckstoffe gewählt. Das Muster dieses von Gregory Brown für William Foxton entworfenen Dekostoffs, das durch die fließenden Kurven lebendig wirkt, beinhaltet eine Windmühle und einen Waldarbeiter mit geschwungener Axt.

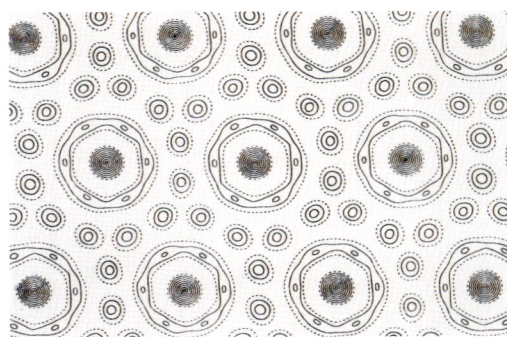 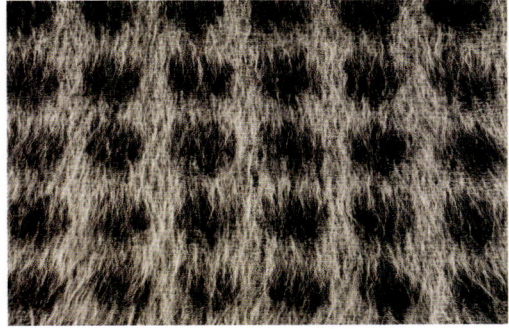

Baumwolle, England, 1951
Baumwolldruck „Hämoglobin", ein Entwurf des Festival of Britain Pattern Group (siehe Seite 160). Die Inspiration lieferten wissenschaftliche Abbildungen von Kristallstrukturen, die die Anordnung von Atomen bei verschiedenen Substanzen zeigen. Die eintönige Symmetrie und Regelmäßigkeit der Abbildungen erwiesen sich als ideal für rapportierende Stoffmuster.

Mohair, Wolle und Nylon, England, 1957
Zweifarbiges, aus drei Materialien gewebtes flauschiges Musterstück mit einem Dessin aus schwarzen und grauen Karos. Auf der Rückseite des Gewebes erscheinen die Farben in umgekehrter Anordnung. Mit ausgefallenen Garnen lassen sich dank ihrer charakteristischen Eigenschaften selbst die schlichtesten Muster aufpeppen.

Bestandteile: Farbe

Muster können auch in monochromen Farbstellungen ihre Wirkung voll entfalten, doch häufig ist eine breitere Farbpalette unverzichtbar, um ein Design optimal zur Geltung zu bringen. Farben sind der Mode unterworfen, beeinflussen unsere Psyche, haben eine symbolische Bedeutung und dienen als stilistisches Ausdrucksmittel. Farbe kann dazu dienen, die Natur nachzuahmen oder das Auge durch das genaue Gegenteil zu überraschen; sie kann zudem mit politischen, religiösen oder militärischen Assoziationen behaftet sein. Farbe und Muster werden miteinander kombiniert, um sowohl Gefühle und Gedanken auszudrücken als auch Bilder aus unserer Umwelt unmittelbar wiederzugeben. Von schlichten, Ton in Ton gehaltenen Kompositionen bis hin zu grellen psychedelischen oder leuchtenden Kombinationen ist Farbe stets das entscheidende Pendant zum Muster.

Seide, Fragment, China, 16.–18. Jh.
Gewebter Damast in Blau und Gelb mit einem Muster aus Blütenvoluten und verbindendem Blattwerk. In China galt Gelb als die Farbe des Kaisers, da dieser wie die Sonne im Zentrum des Universums stand.

Seide, Osmanisches Reich, 17. Jh.
Rapportmuster aus einem karniesförmigen Motiv auf Damast. Das zarte Rosa auf tiefrotem Grund sorgt für einen besonders effektvollen Farbkontrast. Rot steht für Schönheit, Anmut und Güte und wird traditionell mit Ehe und Sinnlichkeit assoziiert.

Seide, Frankreich, um 1760–1764
Da Dessins in Musterbüchern nicht verblassen, vermitteln sie oft eine bessere Vorstellung von der Originalfarbe als gebrauchte Textilien. Dieses Beispiel zeigt stilisierte neoklassizistische Blätter und andere Motive mit Goldüberzug auf leuchtend pinkfarbenem Grund.

Wolle, Detail, Algerien, spätes 19. Jh.
Ausschnitt eines applizierten Musters auf einer Männerjacke mit Kapuze. Die Sternformen und die ihnen verwandten Verbindungsmuster wurden aus ausgeschnittenen Teilen in allen Farben des Regenbogens gefertigt und aufgenäht. Die einfachen Stiche verleihen dem Stück die typische schlichte, klare Ausstrahlung einer volkstümlichen Textilarbeit.

Stoffmusterbuch, Japan, 1938
Für Seiden- oder Synthetikstoffe konzipiert war dieses Bambusblattmotiv auf einem Grund mit Mäandermuster. Das Violett lässt das Muster kühler und ruhiger wirken als ein strahlendes Rot.

Bestandteile: Motiv

Das Muster ist ein zentraler Bestandteil der Sprache von Textilien, und Motive sind die Wörter und Buchstaben dieser Sprache. Wie Sprachen, so haben auch Muster ihren Ursprung in zahlreichen vergangenen Kulturen und werden über viele Jahrhunderte hinweg immer wieder erneuert. Die Symbole und Motive, die ursprünglich für eine bestimmte Kultur wichtig waren, werden dann in einem neuen Kontext verwendet und verlieren ihre alte Bedeutung, können jedoch stattdessen eine neue gewinnen. Motive für Muster lassen sich in drei Hauptkategorien einordnen: florale, geometrische und thematische. Sie können in zahlreiche weitere Gruppen unterteilt werden. Jede dieser allgemeinen Kategorien umfasst viele Hundert zum Bemustern von Textilien geeignete Motive.

Seide, Osmanisches Reich, um 1700–1729
Gewebter Kissenbezug mit einem regelmäßigen Rapportmuster aus einem stilisierten Pflanzenmotiv in Gold und Weiß auf tiefrotem Grund. Die Schildformen am unteren Rand bilden eine Bordüre, die an einem Ende des Kissens erscheint.

 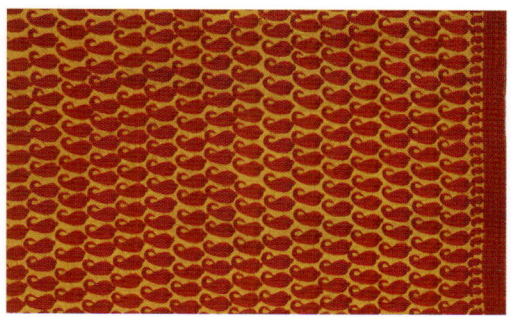

Baumwolle, Indien, um 1740–1760
Das gestickte Muster aus Blumen und einem Vogel auf diesem Stoff ist so fein, das man es mit einem Druck verwechseln könnte. Es ist ein typisches Beispiel der prächtigen Kettenstichstickerei aus Gujarat, die sowohl mit dem Tambourhäkchen als auch mit der Sticknadel gearbeitet wird. Der Stoff war für Kleidung gedacht und für den englischen Exportmarkt bestimmt.

Seide, Pakistan, frühes 20. Jh.
In Sindh gefertigte Rockbahn aus Seide mit seidener Kettenstichstickerei. Das kleine Paisley- oder *botheh*-Motiv ist typisch für diese Region. Die Anordnung von Paisleymotiven zu Allover-Rapportmustern wie diesem ist weitverbreitet.

 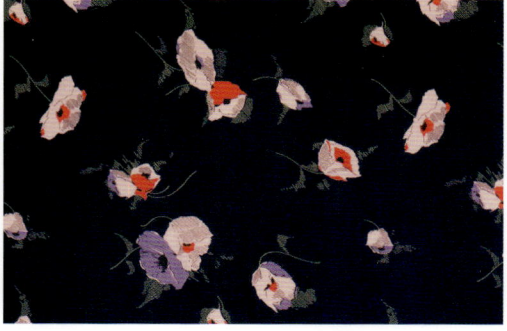

Baumwolle, England, 1902
Dieser im Rouleauxdruckverfahren dessinierte Dekostoff von F. Steiner & Co. besticht durch seinen leuchtend bunten Entwurf mit wirbelnden Bäumen, der charakteristisch ist für das dynamische, gewundene sogenannte Peitschenhiebmotiv des Jugendstils. Man findet es bei zahlreichen im frühen 20. Jh. entworfenen Textilien und Objekten.

Baumwolle, England, 1935
Kleiderstoffe mit schwebenden Motiven auf einfarbigem Grund wie bei diesem Krepp waren insbesondere in den 1930er-Jahren modern. Das scheinbar spontane Rapportmuster sowie die Freiheit von Linie und Form, die sich einer naturalistischen Wiedergabe verweigert, sind Ausdruck zeitgenössischer Kunstströmungen und eines unverkrampften Designansatzes.

Die Bekleidung

Textilien sind ein allgegenwärtiger Bestandteil der Bekleidung. Diese kann für den Alltag oder besondere Gelegenheiten bestimmt sein und das ganze Spektrum von der Massenware bis hin zum limitierten Designermodell abdecken. Die Bandbreite der verarbeiteten Materialien ist enorm, desgleichen die Auswahl der verwendeten Muster. Trotz zahlreicher Versuche, Luxuseffekte kostengünstig zu imitieren, geben oft Ausmaß und Qualität des Dessinierungsprozesses Aufschluss über den Status des Trägers. Bisweilen sind bestimmte Muster an spezielle Kleidungsstücke wie Saris, Schals und Kimonos gebunden.

Seide, Satin und Leinen, Frankreich, um 1670–1690

Statuenbekleidung diente zur Bekleidung religiöser Statuen. Das abgebildete Beispiel zieren mit gelber Seide in Anlegetechnik aufgenähte Strohzöpfe, die sich zu einem Volutenmuster aus karniesförmigen Elementen zusammenfügen, von denen jedes eine Fleur-de-Lys um-schließt. Die Verwendung von Stroh war Absicht und eventuell als symbolischer Verweis auf die Segnungen der Ernte zu verstehen.

Seidensamt, England, frühes 18. Jh.
Unter einem Wappenrock versteht man das mit Wappenemblemen geschmückte Zeremonialgewand eines Herolds. Vorder- und Rückseite sowie die Ärmel dieses mit reinem Silberfaden und vergoldetem Silberfaden reich bestickten Exemplars zieren die zwischen 1714 und 1801 verwendeten königlichen bzw. herzoglichen Wappen von England, Schottland, Frankreich, Irland und Braunschweig.

Seide, Frankreich, um 1715
Dieser luxuriöse Seidendamast mit zusätzlichen Musterschüssen, der durch sein lebhaftes Dessin und die markante Farbgebung begeistert, war zu seiner Entstehungszeit topmodern. Der Kontakt zwischen Asien und Europa beeinflusste die Gestaltung solcher modischer Seidenstoffe.

Papier, England, 1967
Wegwerf-Minikleid aus einer waschbaren gebondeten Zellulosefaser. Das auffällige Druckdessin aus großen grünen, symmetrisch angeordneten Wirbeln beruht auf einem Jugendstilmuster, das auch für Dekorationsstoffe Verwendung fand. In den 1960er-Jahren erlebte die Bildsprache des Jugendstils, kombiniert mit zeitgenössischer Pop Art, ein Revival.

Baumwolle, England, 1934
Die lebhaften Möwen und die Jig tanzenden Seeleute auf diesem im Rouleauxdruckverfahren bemusterten Kleiderstoff sind stark stilisiert. Die auffallende Farbgebung könnte dem Einfluss grafischer Designs und der Reklamemotive der 1930er-Jahre geschuldet sein, die sich häufig scharfkantiger dreieckiger Bildelemente bedienten.

Die Inneneinrichtung

Wie Bekleidung, so haben auch textile Einrichtungsgegenstände eine lange und komplexe Geschichte. Und wie Bekleidung können auch sie bescheiden oder extravagant sein oder irgendwo dazwischen liegen. Unabhängig von ihrem Verwendungszweck, sind sie häufig gemustert. Einrichtungstextilien sind schon mit allen möglichen Designs gefertigt worden, einige von ihnen bewusst für ganz bestimmte Örtlichkeiten, mit denen sie in der Folge assoziiert wurden. So setzt man etwa Chintze oft mit einem gemütlichen Landhausambiente gleich, Ginghamstoffe (also klein karierte Baumwollstoffe) mit einer schlichten rustikalen Behausung und Damast mit luxuriösen Salons.

Baumwolle, Griechenland, 18. Jh.
Gewebtes und besticktes Bettzelt aus Rhodos mit großen rechteckigen, mit Blumenmotiven verzierten Feldern sowie Blättern und Pfauen, alles in Altgold, Rot und Grün, mit blauen Details und auf cremefarbenem Grund. Hier hat das Muster möglicherweise rein dekorative und keinerlei symbolische Funktion. Die ordentlichen, stilisierten Reihen formaler Motive sind charakteristisch für einen Großteil der europäischen Volkskunst, von Textilien bis hin zur Keramik.

Teppichentwürfe, Großbritannien, um 1850
A. W. N. Pugin konzipierte diese Teppichentwürfe, denen sein Interesse an mittelalterlichen Enkaustikfliesen und dem geometrischen Aufbau von Mustern deutlich anzusehen ist, für den Londoner Westminsterpalast. Die Idee, ein Fliesenmuster in einem Teppich umzusetzen, hatte für die Designreformer des mittleren 19. Jh. sicherlich ihren Reiz.

Baumwolle, England, 1883
Einrichtungsstoff „Wey" von William Morris, hergestellt mittels Indigoätz- und Modeldrucks. Für dieses Muster wurde der Baumwollstoff zunächst in eine Indigoküpe gelegt. Beim Herausheben oxidierte das Indigo, wodurch die Blaufärbung eintrat. Nun wurde der Stoff mithilfe von Modeln mit einem Bleichmittel bedruckt, sodass man schließlich einen Druck in Dunkelblau, Hellblau und Weiß erhielt.

Wolle, Holland, um 1915–1920
Tischdecke aus Webplüsch mit einem Muster aus einem lang gestreckten schildförmigen Teil. Das Motiv reflektiert das zu Beginn des 20. Jh. herrschende künstlerische Interesse an der sogenannten primitiven Kunst und den abstrakten Elementen, die an Objekten wie etwa afrikanischen Schnitzereien anzutreffen waren.

Seide, Frankreich, 1921
Der Modezeichner Georges Barbier gestaltete dieses Musterstück mit der Bezeichnung „Venise fête de nuit" (Nächtliches Fest in Venedig). Zwischen romantischen Szenen mit Gondeln voll feiernder, instrumentespielender Menschen werfen venezianische Gebäude ihr zartes Spiegelbild als eingewebte „Schatten" auf den Kanal.

Außergewöhnliches

Textilien werden am häufigsten für Bekleidungen und Einrichtungen eingesetzt, doch darüber hinaus gab es schon immer eine große Vielfalt an weiteren speziellen Verwendungsmöglichkeiten, von Zeremonialgewändern bis zu Taschen und Fahnen. Der dekorative Nutzen von Textilien äußert sich darin, dass sie sich ebenso gut zur Vermittlung für eine einzigartige, besondere Bedeutung eignen wie für eher profane Gegenstände. Viele aufwendige Stücke wie Stickereien, andere Nadelarbeiten und Spitzen dienen dem Zweck, die Virtuosität ihres Schöpfers unter Beweis zu stellen.

Samt, England und Italien, um 1470–1500

In Italien gewebtes und in England besticktes Antependium mit applizierter Stickerei auf Leinen. Die Zierdetails sind in silbervergoldetem Faden und farbigen Seidengarnen ausgeführt. Wie hier zeigen manche Entwürfe auch Darstellungen der Stifter, die anhand der sorgfältig gestickten Namenszüge identifiziert werden können.

Leinen, England, um 1540

Dieser Beutel, einst im Besitz der Familie Calthorpe, ist mit einer feinen Seidenstickerei in Petit-Point-Technik versehen und illustriert, wie Wappenembleme über Besitz und Abstammung informieren. Die Embleme, die vier Heiratsverbindungen darstellen, zeigen, welche Bedeutung der Eigentümer des Beutels seiner familiären Herkunft zumaß.

Leinen, Spanien, 18. Jh

Stickmustertücher präsentierten „Proben" von Stickmustern und Stichen und boten Mädchen neben Anschauungsmaterial auch Übung in der Kunst des Handarbeitens. Dieses Exemplar ist dicht bedeckt mit geometrischen Mustern und lebensechten Motiven in einer Vielfalt von Stichen, die das Können seiner Schöpferin in vollem Ausmaß demonstrieren.

Seide, Italien, Mitte des 18. Jh.

Luxuriöses Kelchtuch mit einer Stickerei aus farbigen Seidengarnen und Metallfaden auf cremefarbenem Grund. Bei der Eucharistie werden Kelch und Hostienteller oft mit einem Tuch bedeckt, damit sie nicht mit Brot und Wein in Berührung kommen. Das Tuch ist zugleich ein Zeichen der Ehrerbietung gegenüber den für das Sakrament verwendeten Behältnissen.

Seide, Japan, um 1800–1850

Einschlagtuch für Geschenke *(fukusa)* aus mit Metallfäden besticktem Satin mit einem weißen Elefanten, der von 18 Männern, die mit einer Leiter auf seinen Rücken klettern, gewaschen wird. Das Motiv versinnbildlicht sowohl Geisteskraft als auch Eitelkeit.

NATUR Einleitung

Von jeher haben Designer Anregungen für ihre Musterentwürfe unmittelbar aus der sie umgebenden Natur bezogen. Natürliche Formen stellen eine wahre Fundgrube an Motiven dar, die eins zu eins kopiert, zu erkennbaren Formen stilisiert oder so weit abstrahiert werden können, dass sich die Inspirationsquelle gerade noch erahnen lässt. Die Bandbreite von für Muster herangezogenen Motiven ist gewaltig, aber bestimmte Formen tauchen im Laufe der Textilgeschichte immer wieder auf. Blätter, Bäume, Pflanzen in unterschiedlicher Gestalt und Früchte wurden alle in den Dienst der Muster gestellt. In vielen Fällen ist die gewählte Art oder der Stil von symbolischer Bedeutung.

Samt, Fragment, Italien, um 1370–1400
Dieses kleine Stück broschierter Seidensamt ziert ein in Samtweberei ausgeführtes Muster aus Zweigen mit hängenden, glyzinienähnlichen Blüten. Das Broschieren gestattete es, Teile des Dessins erhaben zu arbeiten und zu betonen.

Baumwolle, England, um 1780–1810
Dekostoff mit Modeldruck, der auf handgemalte indische Muster verweist, die dazu inspirierten. Zu verschiedenen kraftvollen vertikalen Elementen bilden die zarten Formen zwischen ihnen ein Gegengewicht – und das alles bei einem klar erkennbaren Rapport.

Seide und Wolle, England, um 1900
„Bird and Leaf" (Vogel und Blatt) heißt dieser Entwurf von C. F. A. Voysey auf einem als Einrichtungsstoff konzipierten Doppelgewebe. Voysey beeinflusste den Jugendstil. Seine Arbeiten aus jener Zeit zeichnen sich durch fließende Muster mit regelmäßigen, symmetrischen Rapporten aus, die auch pastellfarbene Silhouetten von Vögeln, Säugetieren, Herzen, Blumen oder Bäumen beinhalten können.

Viskose, England, um 1946
„Jungle" (Dschungel), ein von dem Künstler Felix Topolski für die Londoner Ascher Ltd. gestalteter Dekostoff. Das Unternehmen war weithin bekannt für seine Produktion von Stoffen nach Entwürfen hervorragender Künstler. Das auch bei diesem Beispiel angewandte Siebdruckverfahren war bei Künstlern beliebt, da es größere und komplexere Muster ermöglichte als der Rouleauxdruck.

Baumwolle, England, 1950
Dieses für Dekostoffe gedachte Dessin mit seinen verstreuten Mohnblüten stammt von der Designerin Sylvia Priestley. Sie nannte es „Britomart", eine Anspielung gleich in mehrfacher Hinsicht: Britomartis ist eine Nymphe aus der griechischen Mythologie, Britomart sowohl eine Figur aus Edmund Spensers *The Fairie Queene* als auch aus George Bernard Shaws *Major Barbara*.

Blätter

Von der Antike bis zur Moderne

Blätter gehören zu den am weitesten verbreiteten Motiven und haben in vielen Kulturen die gleiche symbolische Bedeutung. So stehen Efeublätter oft für eine enge und dauerhafte Freundschaft: Der Bezug ist auf die Fähigkeit des Efeus zurückzuführen, auch unter widrigen Umständen an einer Fläche Halt zu finden. Eichenblätter stehen für Treue und Ausdauer, Lorbeerblätter für Heilung, da sie seit langer Zeit als Heilmittel bekannt sind. In der buddhistischen Kultur ist das Blatt des asiatischen Bodhi-Baumes (Pappelfeige) mit seiner Herzform ein Sinnbild für Liebe. Generell stehen Blätter, wenn sie zu mehreren auftreten, für Gemeinschaftsaktionen und Zielstrebigkeit, während das einzelne Blatt ein uraltes Wappensymbol für Glück darstellt.

Seide, Ägypten, um 500–700

Gewebe mit einem Dekor aus weißen herzförmigen Blättern auf braunem Grund, ein Grabfund aus der ägyptischen Stadt Achmim. Solche Textilien entstanden auf Webstühlen, auf denen mittels zusammengesetzter Köperbindungen Rapportmuster gefertigt wurden. Die teilweise erhaltenen Fransen legen nahe, dass es sich bei dem Stück um einen Kissenbezug gehandelt haben könnte.

Samt, Italien, 16. Jh.
Das naturalistische Muster aus Blättern und Blüten in blassem Grün auf olivgrünem Grund zeichnet verantwortlich für die üppige Anmutung dieses Samts. Die Reihen aus Zweigen verlaufen sowohl horizontal als auch vertikal.

Seide, Italien, 17. Jh.
Dieses gewebte Muster mit seinen stilisierten Blumen, Farnwedeln und sich wiederholenden Kreuzformen war als Bordüre gedacht. Solche Entwürfe entstanden häufig aus Elementen, die man aus gängigen Musterbüchern auswählte und neu kombinierte.

Blätter

Seide, England, um 1708
Gewebter Damast aus dem Londoner Stadtteil Spitalfields mit einer Variante der für diese Gegend typischen stilisierten Blumenmuster. Die natürlichen Formen des vertikalen Rapportmusters überlagern die schattenhaften Elemente im Hintergrund.

Baumwolle und Leinen, England, um 1700–1710
Detail eines rechteckigen Behangs mit Nadelmalerei, der zu einem kompletten Satz von Bettvorhängen aus dem frühen 18. Jh. gehört. Der Stil solcher Behänge und das gewundene Laub des Dessins haben ihr Vorbild in importierten indischen Stickereien.

Leinen, Osmanisches Reich, 19. Jh.
In Reihen angeordnete, in Seide und mit Metallfaden gestickte Motive bilden die Bordüre dieser Serviette oder Handtuchs. Ab dem 19. Jh. entwickelten sich osmanische Entwürfe zu steifen, stark stilisierten Mustern. Die ursprünglich kräftigen Farben sind verblasst.

Genähtes Patchwork, Japan, 19. Jh.
Kesa (Umhänge buddhistischer Priester) wie dieser bestehen aus aneinandergesetzten Stoffteilen – das Nähen ist Teil der religiösen Handlung. Hier wurden die Stoffteile sorgfältig und passgenau angeordnet, um die elegante Gestaltung nicht zu unterbrechen.

Leinen, Osmanisches Reich, 19. Jh.
Die unkomplizierte, detaillierte Darstellung der Blattadern und gezackten Blattränder in der Bordüre machen zusammen mit dem Randstreifen aus geteilten Quadraten den schlichten Reiz dieses Handtuchs aus. Die Stickereien sind in Metallfaden und Seide ausgeführt.

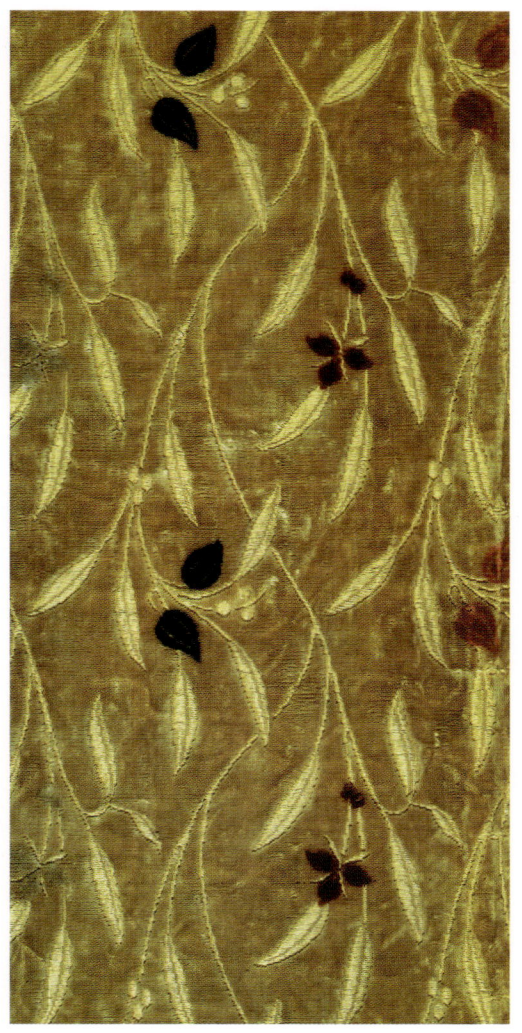

Samt, Frankreich, 19. Jh.
„Golden Leaves" (Goldene Blätter) – ein passender Name für diesen attraktiven Stoff mit seinem schlichten Dessin aus Blättern und Stielen, das sich in Kettrichtung hinabrankt. Die Früchte und Samenkapseln steuern Farbtupfer bei. Herabhängende Blätter lassen Bäume graziös erscheinen, hier ist der Effekt derselbe.

Blätter

Seide, Japan, 19. Jh.
Räder und Blätter zeigt dieses in Japan weitverbreitete, in der japanischen *yuzen*-Reservetechnik gestaltete Muster. Im Buddhismus und Taoismus ist das Rad ein wichtiges Symbol. Es steht für das Schicksal des Menschen und die ständige Rückkehr von der Peripherie ins Zentrum.

Baumwolle, Detail, Japan, 19. Jh.
Diese Schablonengestaltung mit wirbelnden, von Ahornblättern überlagerten Linien ziert ein sogenanntes *bingata*-Gewand aus Okinawa. Das Ahornblatt hat mehrere symbolische Bedeutungen, darunter Einheit, Herbst und spirituelles Wachstum. Der Ahorn spielt in Japan eine wichtige Rolle und ist ein gängiges textiles Motiv.

Spitze, Detail, Frankreich, 1867
Diese Nadelspitze mit Farnwedelmuster ist eine Beispiel für die Mitte des 19. Jh. grassierende Besessenheit von Farnen. Sie äußerte sich in Natursammlungen und Mustern auf allen möglichen Objekten und bot ihren Opfern eine großartige Möglichkeit, ihre virtuose Beherrschung der Spitzenanfertigung zu demonstrieren.

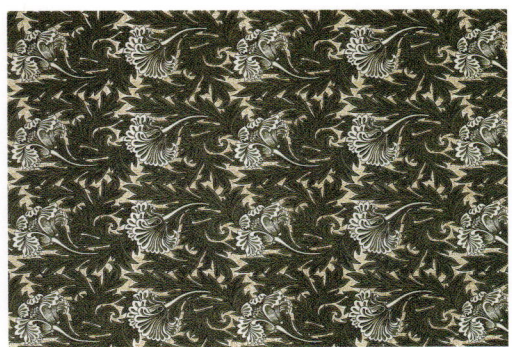

Teppichentwurf, England, 19. Jh.
1881 schuf William Morris diesen aquarellierten Entwurf des „Redcarer Teppichs", eine Auftragsarbeit. Das Design weist stilisierte Pflanzen und eine Akanthusbordüre auf. Die Farbgebung – pastellfarbene Details auf kamelfarbenem Grund – ist typisch für Morris' frühe Teppichentwürfe.

Baumwolle, England, 1875
William Morris' für Dekorationsstoffe konzipierter Modeldruck „Tulip" (Tulpe) belegt das Interesse des Gestalters an flächigen Mustern. Das Dessin mit seinen sich wiederholenden zickzackförmigen Längsstreifen aus dicht gedrängten Blüten und wellenartigen Blättern zeigt stilisierte Tulpenblüten vor den Blättern einer anderen Pflanze.

45

Blätter

Seide, Frankreich, frühes 20. Jh.
Dieser gemusterte französische Dekorationsstoff aus Seide mit dem passenden Namen „L'Afrique" (Afrika) kann eine Vorliebe für Exotisches nicht verhehlen. Robert Bonfils gestaltete ihn für die Textilmanufaktur Bianchini-Férier. Zur Zeit des Art déco bedienten sich französische Designer häufig afrikanischer – insbesondere ägyptischer – Motive.

Baumwolle, England, 1897
Die zu breiten Querstreifen arrangierten Erdbeeren und Vögel, die den Rapport dieses Einrichtungsstoffs bilden, kamen bei üppig drapierten Vorhängen bestimmt bestens zur Geltung. Der Entwurf stammt von dem Architekten C. F. A. Voysey, der für die Leichtigkeit seines Stils und seinen sicheren Geschmack berühmt war.

Leinen, Italien, 1927
Der spanische Universalkünstler und Modedesigner Mariano Fortuny, besser bekannt für seine erlesenen plissierten Kleiderstoffe, schuf dieses Dessin aus cremefarbenen Blättern und Blüten vor waldgrünem Hintergrund auf einem Musterstück eines bedruckten Dekostoffs. Der rankende Wuchs der Kletterpflanze ist eindrucksvoll umgesetzt.

Baumwolle, England, um 1905
Gewebter Baumwollstoff „Santiago", vermutlich von Archibald Knox für die Silver Studios entworfen. Die stilisierten Pflanzen sind charakteristisch für die Arbeiten von Knox. Das Design kombiniert im Rahmen der Tradition der Arts-and-Crafts-Bewegung erfolgreich keltische und Jugendstilelemente miteinander.

Seide, Frankreich, um 1925–1929
„Oasis" (Oase), gestaltet von Robert Bonfils, illustriert die Verwendung von regelmäßigen Musterrapporten aus Blättern in gedecktem Blassgrün und Grau. Der exotische Dschungel-Look mit seinen Anklängen an die nicht westliche Kultur war eines der Lieblingsthemen des Art déco.

Baumwolle und Seide, Frankreich, um 1928
Ab den späten 1920er-Jahren wurden die textilen Muster zunehmend abstrakter und die Farben gedeckter. Dieses gewebte Damastdessin, das sich aus Blöcken stilisierter Blätter zusammensetzt, wurde für die englische Firma Betty Joel Ltd. produziert, ein avantgardistisches Unternehmen für Innen- und Möbeldesign.

Bäume

18. bis 20. Jahrhundert

Bäume stellen für Textildesigner eine ergiebige Inspirationsquelle dar. Sie sind nicht nur als realistische Abbildung interessant, sondern zählen in ihrer Funktion als Ideenträger auch zu den meistverbreiteten symbolischen Motiven. Als Sinnbild für Leben und Wachstum eignen sich Bäume zur Vermittelung symbolischer Bilder, die auf drei Ebenen angesiedelt sind: Die Wurzeln der Bäume liegen in der Unterwelt, ihre Stämme und unteren Äste gehören zur Erde und ihre oberen, dem Licht entgegengereckten Äste streben gen Himmel. Auch rein praktisch betrachtet sind Bäume aufgrund ihrer vertikalen Gestalt ideal für viele textile Einsatzgebiete.

Seide, Detail, Japan, 19. Jh.
In *yuzen*-Reservetechnik gefärbtes Muster mit Bambus und blühenden Bäumen auf einem Seidenkrepp für Kimonos. Bambus soll vor Unheil schützen und Glück bringen, Blüten stehen für Reinheit.

Entwurf für Seide, England, 1734
Anna Maria Garthwaite gehörte zu den führenden englischen Gestaltern jener exotischen Textilien, die später unter der Bezeichnung „bizarre" Seiden liefen und Mitte des 18. Jh. populär waren. Diese Zeichnung in Bleistift und Aquarellfarben zeigt eine Fantasielandschaft mit Bäumen. Das asymmetrische Layout und die geschwungenen Kurven verorten das Dessin im Rokoko.

Baumwolle, England, Mitte des 19. Jh.
Die Brücken und exotischen Bäume und Blätter auf diesem englischen Einrichtungsstoff sind in einem sogenannten Inselmuster angeordnet, bei dem das Motiv von anderen Mustern isoliert steht. Dadurch wirkt die Gestaltung vielleicht insgesamt etwas formaler.

Wolle, Schottland, 1896–1900
Das von dem Architekten C. F. A. Voysey entworfene Muster dieses gewebten Behangs wurde ursprünglich für Tapeten verwendet und erst später für Textilien herangezogen. In seiner ätherischen und märchenhaften Anmutung wäre es wie geschaffen für ein Kinderzimmer.

Baumwolle, England, 1959
Bei der Einführung moderner abstrakter Muster in der Textilindustrie spielte Lucienne Day eine entscheidende Rolle. Dieser im Rouleauxdruck dessinierte Dekostoff „Forest" (Wald) ist ein gutes Beispiel für ihre Arbeit. Entworfen für Heal's, beschwört sein Name ein Bild herauf, das sich beim Betrachten des Musters nicht unbedingt einstellt.

49

Bäume: einzelne Arten

Von der Antike bis zur Moderne

Bestimmte Baumarten tauchen häufig in textilen Mustern auf. Ob die asiatische Palme, die japanische Kiefer oder die englische Eiche, die meisten Bäume sind schon für sich betrachtet dekorativ und oft auch symbolisch aufgeladen. So gilt etwa die Kiefer wegen ihrer immergrünen Nadeln und ihres unzerstörbaren Harzes im gesamten Fernen Osten als Symbol für Unsterblichkeit. Werden symbolhafte Motive von einer anderen Kultur entlehnt, wie es bei dem unten abgebildeten Banyanbaum der Fall ist, verlieren sie leicht ihre Macht und verkommen zum bloßen Dekor.

Leinen, Ägypten, 300–500

Das Muster dieses großen Behangs mit Wollstickerei ist im spätägyptischen klassischen Stil gehalten und zeigt Motive aus dem Spektrum der damals bevorzugten Designs, darunter Bäume und Blumen. Die Stickerei am oberen Rand mit ihren Weinreben, Trauben und Körben zollt den Gaben und der Fruchtbarkeit der Natur Tribut.

Seide, England, 18. Jh.

In Rosa broschierter Seidenstoff „Banyan". Der Banyanbaum, im Hinduismus heilig und ob seiner weit ausladenden Krone ein Sinnbild für das ewige Leben, ist bei diesem englischen Entwurf nur mehr ein reizvolles gewundenes Muster ohne besondere Bedeutung.

Baumwolle, Indien, 18. Jh.
An der Koromandelküste gefertigter *palampore* oder Bettüberwurf bzw. Bettbehang aus handbemaltem und bedrucktem Chintz mit einem Motiv aus gekreuzten Palmen. Solche *palampores* wurden im 18. Jh. in großer Zahl nach Europa exportiert.

Baumwolle, England, 1799
Mit Modeln bedruckter Dekorationsstoff „Royal Oak and Ivy" (Königseiche und Efeu) in der als „mattem Stil" bekannten Farbgebung, die um 1799 aufkam und bis 1807 hochmodern war. Die Eiche ist ein klassisches Symbol für Kraft und Königtum.

Seide, Detail, Japan, 1850–1880
Kiefern und Wolken auf einem bestickten und mittels Reispaste in der *yuzen*-Reservetechnik gestalteten Kimono aus Seidenkrepp. In Japan gelten Kiefern als Glücksbringer und sind auch Symbol für Lebenskraft.

Früchte

18. bis 20. Jahrhundert

Früchte, ein klassisches Symbol der Fülle, werden häufig in üppig gefüllten Schüsseln oder überquellenden Füllhörnern dargestellt. Oft stehen sie auch für einen Neuanfang, da ihre Samen oder Kerne für den Fortbestand des Lebens sorgen. Natürlich können auch einzelne Früchte eine eigene symbolische Bedeutung haben. So gilt etwa der Apfel oftmals als verbotene Frucht und die Ananas als Symbol für Gastfreundschaft und Willkommen. Die Traube ist in der christlichen Ikonografie ein Zeichen für Christus, der Granatapfel steht für Fruchtbarkeit. Wie andere Naturmotive auch bescheren Früchte Textildesignern eine reiche Ernte.

Seide, Detail, Osmanisches Reich, 18. Jh.
Transparentes, mit Metallfaden in *musabak*- und Satinstich besticktes Kopftuch. Die Sticktechnik ist osmanisch, aber die Gestaltung der Trauben und Blätter erinnert eher an europäische botanische Zeichnungen aus der Mitte des 18. Jh.

Seide und Wolle, England, um 1880
Doppelgewebter Stoff mit einem Rapportmuster aus Birnen und Kirschen, ein Entwurf des schottischen Architekten und Möbeldesigners Bruce J. Talbert. Das Dessin zeichnet sich aus durch eine japanisch beeinflusste Schlichtheit der Linie, wie sie im späten 19. Jh. in Großbritannien en vogue war.

Spitze, Detail, Belgien, spätes 19. Jh.
In Brüssel hergestellter Stoff mit einer Kombination aus Nadel- und Klöppelspitze auf maschinell gefertigtem Netzgrund. Das Ananasmotiv ist ein beliebtes Symbol für Gastfreundschaft und sonst eher auf Tischdecken und Servietten zu finden.

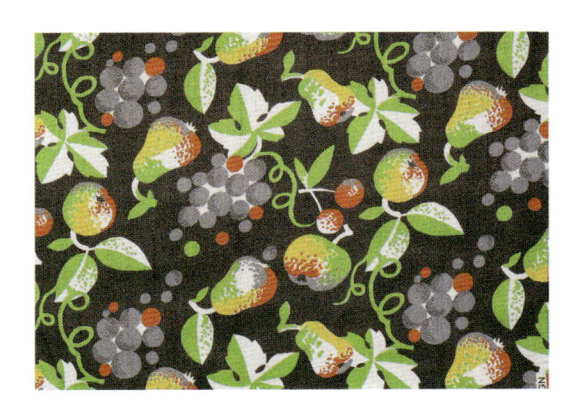

Seide, USA, 1927
Dieser bedruckte Kleiderstoff aus Crêpe de Chine weist ein Rapportmuster aus recht naturalistischen Früchten auf. Äpfel und Birnen in Zitrusgrün und Gelb sind kombiniert mit Kirschen und Trauben. Während einzelne Früchte jeweils eine eigene Symbolbedeutung haben, versinnbildlichen mehrere Früchte stets Fülle.

Leinen, England, 1938
Gläser und eine stilisierte Schale mit Obst sind die Hauptmotive dieses Art-déco-Musters auf einem Einrichtungsstoff. Es vermittelt den Eindruck von Fülle und Gastlichkeit. In manchen Kulturen assoziiert man die Ananas mit Gastfreundschaft. Die gedeckten Farben spiegeln den Einfluss der Moderne auf den Art déco wider.

Wiesenblumen und Gräser

18. bis 20. Jahrhundert

Zu den interessantesten Naturmotiven für Mustergestalter zählen Gräser und Wiesenblumen. Die zarten Stängel und Samenkapseln lassen dem Designer viel Freiheit, sodass das Dessin formal oder zwanglos, dicht gedrängt oder aufgelockert, vielfarbig oder einfarbig ausfallen kann. Gräser symbolisieren sowohl Unterwerfung als auch Zweckmäßigkeit, und die Gestalter der Vergangenheit waren sich dessen sicherlich bewusst, wenn sie sie zum Motiv für textile Entwürfe auswählten. Wiesenblumen ist eine Zartheit zu eigen, die eine bestimmte Naturvorstellung vermittelt. Vor diesem Hintergrund treten sie als stilisierte oder naturalistische Motive in vielen textilen Mustern in Erscheinung.

Baumwolle, England, spätes 18. Jh.
Die Technik des Textildrucks mit Indigo zur Erzielung farbechter Blautöne wurde in den 1740er-Jahren entwickelt. Da sie sich nicht mit anderen Techniken kombinieren ließ, waren chinablaue Drucke stets monochrom. Bei diesem im Plattendruckverfahren bemusterten Dekorationsstoff wurden die naturalistischen, fedrigen Pflanzen mittels chinablauer Farbstoffe wiedergegeben.

Papierimpression einer bedruckten Textilie, England, 18.–19. Jh.
Diese interessante Darstellung einer abstrahierten Szene mit fein gezeichneten Gräsern und Blumen in monotoner Farbgebung wurde von Druckwerkstätten in Bromley Hall im Osten Londons produziert. Sie waren berühmt für ihre Kupferplattendrucke.

Entwurf für Baumwolle, Großbritannien, um 1840

An diesem Entwurf in Aquarell- und Körperfarben mit seinen von stark stilisierten Gräsern überlagerten Streifen kann man den Trend erkennen, der durch den Erfolg des neuartigen Rouleauxdruckverfahrens ausgelöst wurde. Die Gestalter bedienten sich solcher abstrakter Muster, um der Nachfrage nach Textilien im neuen Stil nachzukommen.

Baumwolle, England, frühes 20. Jh.

„Field Flowers" (Wiesenblumen) heißt dieser Dekostoff, der für das Londoner Unternehmen Liberty & Co. entworfen und gefertigt wurde. Das Dessin aus verschiedenen Wiesenblumen wurde im Duplexdruckverfahren – also auf beiden Stoffseiten – aufgedruckt, wodurch der Stoff beidseitig verwendbar ist.

Baumwolle, England, frühes 20. Jh.

Beidseitig verwendbarer Einrichtungsstoff „Brooksby", ein Entwurf von Liberty & Co., London. Das Rosenmuster, das stärker stilisiert ist als die „Field Flowers" (links), lässt den Einfluss von Charles Rennie Mackintosh erkennen.

Der Lebensbaum

18. bis 19. Jahrhundert

Der „Lebensbaum" kommt in vielen Kulturen vor und symbolisiert in der volkstümlichen Überlieferung oft Unsterblichkeit und/oder Fruchtbarkeit. Er steht weltweit im Zentrum von Mythen, ob in Gestalt eines immergrünen Baums als Sinnbild der Ewigkeit oder in Form eines die Wiedergeburt symbolisierenden Laubbaums, dessen Blätter wachsen, abfallen und von Neuem sprießen. Das in Europa vom frühen 18. bis zum Beginn des 19. Jh. für Chintzdekostoffe populäre Motiv eignete sich besonders gut für Tagesdecken und *palampores* (Bettüberwürfe bzw. Bettbehänge).

Baumwolle, Indien, um 1700

Dieser beschnittene *palampore,* der in Südostindien für den westlichen Markt gefertigt wurde, zeigt eine komplizierte Darstellung eines exotischen blühenden Baums, der aus einer Urne in europäischem Stil herauswächst. Er wird von Töpfen mit Blumen flankiert, die eindeutig europäischen Drucken entlehnt sind.

Baumwolle, Indien, 1770–1780

Als typisches Beispiel für die in großer Zahl von der Koromandelküste nach Europa eingeführten Stile zeigt dieser Entwurf einen stark stilisierten Fantasiebaum, aus dem alle möglichen Blumen wachsen. Dieses Motiv könnte speziell mit Blick auf den westlichen Geschmack von interessierten Käufern entwickelt worden sein.

Baumwolle, Indien, 1750–1775

Das Muster dieses gechintzten, bemalten und gefärbten Baumwollstoffs lässt in der typischen gewundenen Form des Baums und seiner Äste den chinesischen Einfluss auf die im vorletzten Viertel des 18. Jh. für den westlichen Markt bestimmten Chintzdessins erkennen.

Baumwolle, Indien, 1750–1775

Ein klassisches Beispiel für das Motiv des blühenden Baums, hier mit einem außerordentlich kräftigen Muster, das das Mittelfeld mit einem sich verzweigenden Baum und zahlreichen außergewöhnlichen Blüten und Blättern füllt. Die merkwürdige Bordüre aus gewundenem Stiel und Blüten ist für solche Entwürfe ungewöhnlich.

Baumwolle und Seide, Indien, frühes 19. Jh.

Zentrales Thema dieser kunstvollen Tagesdecke ist das in Baumwolle und Seide gestickte Lebensbaummotiv. Mit Blüten und sitzenden Vögeln dicht bestückt, reckt sich der Baum in dem Versuch empor, das Himmelszelt zu berühren. Zwei große Blumengefäße auf dem Boden unterstreichen die Symmetrie des Designs.

Einleitung

Blumen und pflanzliche Motive gehören zu den gängigsten Mustern überhaupt. Sie sind seit vielen Jahrhunderten und in den meisten Kulturen ausgesprochen beliebt. Auch verwandte Motive wie Zweige, Körbe, Sträuße, Kränze und Girlanden werden allesamt in naturalistischer, stilisierter oder semiabstrakter Gestaltung verwendet. In ihrer Form unendlich flexibel, sind sie wie geschaffen für großformatige Allover-Muster oder kleine Rapporte. Sie haben sich bewährt für Gittermuster auf komplexen Fonds, in lockerer Verteilung auf einem hellen Grund, zu Streifen angeordnet oder in zahlreichen anderen Arrangements. Bestimmte Blumen waren zu verschiedenen Zeiten und an verschiedenen Orten groß in Mode und wurden mitunter auch wegen ihrer symbolischen Bedeutung eingesetzt.

Leinen, Detail, England, frühes 17. Jh.
Dass die zart gestickten Blüten auf dieser Decke so spontan und locker verteilt wirken, ist das Ergebnis einer sorgfältigen Platzierung. Disteln, Kornblumen, Gänseblümchen und Narzissen bilden diese bunte Blumenmischung, zwischen die auch Insekten und selbst ein paar Birnen eingestreut sind.

Seide, Italien, spätes 17. Jh.
Weil Priester bei der Messe bis vor Kurzem dem Altar zugewandt standen, war die Rückseite des Messgewandes unter optischen Gesichtspunkten am wichtigsten. Das reiche, gestickte Dessin ist hier weltlichen Ursprungs: Vögel und Blüten gesellen sich zu einem kleinen Wappenmuster.

Seide, Frankreich, Mitte des 18. Jh.
Das broschierte Dessin mit blühenden Bäumen auf diesem Kleiderstoff muss getragen einen spektakulären Anblick geboten haben. Das Muster ist in farbigen, silbernen und vergoldeten Garnen auf cremefarbenem Grund ausgeführt. Die Blüten sind zwar in kräftigen Farben gehalten, doch alles andere als naturalistisch.

Seide und Wolle, England, um 1900
Horizontal gemusterte Bänder sind das hervorstechende Merkmal des Entwurfs von Harry Napper. Große grüne Blüten, vielleicht stilisierte Lotusblüten, kontrastieren zu den markanten Blättern in zwei Pinktönen. Das Ergebnis ist eines der typischen gewundenen, dynamischen Jugendstilmuster.

Baumwolle und Viskose, England, 1933
Dieses lebhafte Art-déco-Muster mit seinen stark abstrahierten Blüten zeichnet sich aus durch einen Rapport, der auf einem von lockeren Pinselstrichen umschlossenen Kreis beruht. Solche Entwürfe spiegeln den Einfluss der damals modernen Kunstrichtungen auf die kommerzielle Musterproduktion wider.

Allover-Muster

18. bis 20. Jahrhundert

Allover-Muster bedecken eine ganze Fläche, sodass vom Untergrund kaum etwas frei bleibt. Hierin unterscheiden sie sich von Dessins, die von einzelnen oder zu Bordüren angeordneten Motiven auf einem einfarbigen Grund leben. Allover-Muster können nach einer, zwei oder noch mehr Seiten ausgerichtet sein und in ihrer Anordnung spontan oder geplant wirken. Der nur nach einer Seite weisende Typ hat eine eindeutige Laufrichtung, und zwar in der Regel von unten nach oben, während bei der nach zwei Seiten ausgerichteten Variante die Motive in beide Richtungen zeigen. Bei den nach mehreren Seiten ausgerichteten Mustern handelt es sich oft entweder um regelmäßige Rapporte, die in einer formalen geometrischen Beziehung zueinander stehen, oder um scheinbar willkürlich verstreute Motive, deren Platzierung allem Anschein zum Trotz sorgfältig geplant ist. Allover-Muster findet man sowohl auf strukturierten Hintergründen, wie bei einem Moiréeffekt, als auch auf einfarbigen.

Baumwolle, Indien, frühes 18. Jh.
Stoff aus Gujarat mit Seidenstickerei, ein gutes Beispiel für die zarten, „spontanen" Allover-Muster, wie man sie mit indischen Arbeiten dieser Zeit verbindet. Er wirkt leicht und ungezwungen und hat einen unauffälligen Rapport, sodass der Musteransatz beim Nähen keine Schwierigkeit darstellt.

Seide, Indien, Mitte des 18. Jh.
Dieser seidene Behang ist mit zarten Blüten und Blättern in einer sich wiederholenden Reihenfolge bestickt. Zu jener Zeit waren scheinbar ungezwungene, spontane Dessins en vogue. Solche Arbeiten sind als Cambaystickereien bekannt, da sie von der Hafenstadt Cambay aus exportiert wurden.

Baumwolle, England, um 1850
Ein modischer Baumwolldruck, der typisch ist für die sommerlichen Dekorationsstoffe, wie sie Mitte des 19. Jh. erhältlich waren. Der Designreformer Henry Cole griff sich diese spezielle Gestaltung heraus und verdammte sie wegen der seiner Ansicht nach mangelnden Symmetrie und falschen Nachahmungsprinzipien.

Baumwolle, England, Mitte des 19. Jh.
1852 wurde dieser bedruckte, glänzende Chintz in einer Ausstellung mit dem Titel „False Principles in Design" (Falsche Designprinzipien) wegen seiner „direkten Nachbildung der Natur" angeprangert, die „Äste von Flieder- und Rosenbüschen" betraf, „welche in die Form von Sofakissen und Armsesseln gebogen wurden". Wie die Kritik impliziert, sind die Blütenformen selbst naturalistisch.

Viskose, England, 1934
Das Rapportmuster aus bunten Blüten, Blättern und Stielen auf weißem Fond verleiht diesem Kleiderstoff einen sauberen, frischen Look. Schwebende Motive auf einfarbigem Grund wirken immer gut, die leicht abstrahierten Formen könnten dem Einfluss zeitgenössischer Kunstströmungen geschuldet sein.

Körbe

17. bis 19. Jahrhundert

Körbe oder andere Behältnisse dienen bei Blumendarstellungen, ob von Schnittblumen oder anderen Pflanzen, als Blickfang. Man findet Körbe in einer enormen stilistischen Bandbreite, die von direkt und gegenständlich bis fast bis zur Unkenntlichkeit abstrahiert reicht. Auch decken die Motive in dieser Mustergruppe ein breites historisches und geografisches Spektrum ab und lassen zudem in verschiedenen Perioden und Stilen eine Beeinflussung untereinander erkennen, so beim Einfluss der Renaissance auf den niederländischen Samt des frühen 18. Jh. (siehe rechts unten).

Seide, Detail, Italien, um 1620–1640
Eine kunstreich verzierte rote Stola mit einem Kantenbesatz aus silbervergoldeter Klöppelspitze weist in der Ecke eine große Kartusche mit einer mit Obst gefüllten Schale und Blumen auf. Diese Tulpendarstellung ist besonders interessant, da Tulpen erst kurz vor der Entstehung des Stücks nach Europa gelangt waren.

Teppich, Detail, Indien, 1650
Bei diesem hochwertigen, handgeknüpften Teppich aus Lahore ordnet ein stark strukturiertes und formalisiertes Muster zwei unterschiedliche Vasenmotive zu einem streng geometrischen Rapport. Ungeachtet ihrer strengen Form sind beide Vasen verschwenderisch gefüllt mit üppigen, ausladenden Blumen, was den Eindruck von Großzügigkeit bewirkt.

Wolle, Detail, Niederlande, um 1700
Das hochgradig stilisierte Muster dieses Stoffs beinhaltet Blumenkörbe sowie Urnen und Girlanden Seite an Seite mit einigen architektonischen Elementen. Sie alle beruhen auf Renaissanceentwürfen, obgleich der luxuriöse Wollsamt, den die Motive zieren, erst Anfang des 18. Jh. entstand.

Körbe

Baumwolle, Fragment, Osmanisches Reich, 18. Jh.
Ursprünglich Teil einer Schärpe, zeigt dieses mit Seidengarnen und Metallfaden bestickte Fragment ein kleines Rapportmuster aus vergoldeten, mit Blumensträußen und Trauben gefüllten Schalen. Die in gleichmäßigen Abständen angeordneten Motive wurden sowohl passend zum Stoff als auch zu dessen Verwendungszweck gewählt.

Seide, Frankreich, 1736–1739
Bei diesem gewebten Stück mit seinem Dessin aus Muscheln und Blumen treffen kostspielige Materialien auf komplexe Webtechnik: das Broschieren. Bei diesem speziellen Design wurde das Muster mit bunten und echt silbernen Garnen kreiert.

Seide, Detail, England, 1740–1745
Die Muschel, das wichtigste Rokokomotiv, bildet die Grundlage des Musters dieses eindrucksvollen Hofkleids (Mantua). Hier ist sie kombiniert mit einer Fülle von realistischen Blumen. Die botanisch korrekte Darstellung von Blumen gilt als ein typisches Merkmal der Rokokostickerei.

Spitze, Detail, Flandern, Mitte des 18. Jh.
Charakteristisch für Mechlinspitze war die Verwendung eines markanten, glänzenden Fadens zur Konturierung der Motive. Durch diesen Kunstgriff erhielt die Spitze eine Klarheit, die sie für bildhafte Entwürfe wie diesen Korb mit Früchten, der hier den Scheitelpunkt einer geklöppelten Kappe bildet, ideal machte.

Baumwolle, Frankreich, spätes 18. Jh.
Bedruckter Stoff, der sicher und geschickt zwei starke Einflüsse seiner Zeit miteinander verbindet: Naturalismus und Neoklassizismus. Ein verschwenderisch gefüllter und mit Girlanden geschmückter Blumenkorb alterniert mit bildhaften Medaillons, die einen Landarbeiter zeigen.

Baumwolle, Osmanisches Reich, 19. Jh.
Serviette mit Stickerei in Seidengarn und Metallfaden. Das starre, stark stilisierte Bordürenmuster besteht aus einem mit Blumen gefüllten Korb oder einem anderen Behältnis zwischen zwei identischen belaubten Zweigen. Beide Motive wirken recht naiv.

Baumwolle, Osmanisches Reich, Mitte des 19. Jh.
Bestickte Textilien waren im Osmanischen Reich aus dem täglichen Leben nicht wegzudenken. Sie dienten zum Einwickeln von Geschenken, zum Dekorieren von Räumen, als Bettwäsche und für Bekleidung. Dieses Baumwollhandtuch mit Bordüren aus dicht besticktem Seidengarn und Metallfaden beeindruckt durch seine stilisierten Pflanzen.

Blumensträuße

18. bis 20. Jahrhundert

Blumensträuße spielen seit Jahrhunderten eine Rolle als Geschenke und bei zeremoniellen Anlässen. Hinsichtlich der Gestaltung von Textilmustern zählen sie zu den Naturmotiven im weiteren Sinne. Die folgende Auswahl beschränkt sich in erster Linie auf Rosen und andere in England verbreitete Blumen in unterschiedlichen Gruppierungen. Blumenstraußmotive eignen sich insbesondere für die sogenannten Inselmuster, bei denen frei stehende Motive in senkrechten Reihen oder im Rapportversatz angeordnet sind. Was den Symbolgehalt betrifft, so können Sträuße mit Bezug auf das Geschenk der „mystischen Rose" des heiligen Johannes vom Kreuz an Maria für geistige Vollkommenheit stehen.

Leinen, Detail, England, um 1780–1810

Dieses Muster im Modeldruck zeigt Inseln aus Blumensträußen, die jeweils von einem zur Schleife gebundenen Band zusammengehalten werden. Die feine, naturalistische Darstellung verschiedener Blüten wie der Provence-Rose, der Aurikel, des Flieders und der Winde ist bemerkenswert.

Baumwolle, England, 1830er-Jahre

Ein überbordendes Motiv aus Rosen, Akeleien, Stock- und Pfingstrosen ist auf diesem bedruckten Chintz zu einem vertikalen Rapportmuster arrangiert. Die Musterabschnitte sind durch einen vertikalen Streifen voneinander getrennt. Der kleine Schmetterling rechts auf einer Blüte ergänzt die naturalistische Darstellung.

Baumwolle, England, 1830er-Jahre

Naturalistisch interpretierte Zweige mit Rosen und Blättern klettern in einem vertikalen Muster diesen bedruckten Chintz empor. Solche Dessins kommen vor allem auf Vorhängen oder Behängen gut zur Geltung.

Baumwolle, England, 1840er-Jahre

Die viktorianischen Briten liebten Naturmotive. In ihrer Blumensprache, die damals allgemein verstanden wurde, übermittelt dieser Entwurf mit dem „Stolz" der Rosen und dem „Himmel" des Rittersporns eine gemischte Botschaft. Große, überladene Sträuße, auf einfarbigen Grund gedruckt, sind ebenso charakteristisch für diese Periode wie die Glanzausrüstung dieses bedruckten Chintzes.

Seide, Frankreich, 1937

Modischer, von François Ducharne entworfener Kleiderstoff aus Krepp mit einem aufgedruckten vertikalen Rapportmuster aus Lilienblüten und -stängeln. Infolge des starken Kontrasts zwischen den weißgelben Blüten und dem schwarzen Fond scheint das Muster auf dem Stoff zu schweben.

Blumen auf Mustern

17. bis 18. Jahrhundert

Die folgenden Beispiele aus höchst unterschiedlichen Quellen illustrieren, auf welche Weise Muster überlagert oder innerhalb ein und desselben Stücks zueinander in Kontrast gesetzt werden können. Dieser Kunstgriff der doppelten Bemusterung bietet dem Designer zusätzliche Gestaltungsmöglichkeiten und dem Betrachter komplexere Dessins, an denen er sich erfreuen kann. Der Effekt lässt sich auf verschiedene Art bewerkstelligen, von einer simplen Gegenüberstellung kontrastierender Elemente wie Blüten und Linien bis hin zu komplexen Anordnungen, die das Design Stück für Stück entstehen lassen. In vielen Fällen liefert eine zugrunde liegende Struktur wie Quadrate, Karniese oder Bildfelder die Basis für das Muster.

Seide, Fragment, Japan, 17. Jh.
Der Untergrundstoff dieses luxuriös umgesetzten Entwurfs (links) ist mit aufgebrachtem Blattgold, Stickereien und in Abbindereservierung *(shibori)* gefärbten Mustern dekoriert. Die in Kaskaden herabfallenden Blüten sowie die runden und die gegeneinander verschobenen rautenförmigen Motive setzen sich gegen das Flechtmuster des Hintergrunds ab.

Entwurf für einen Seidenstoff, England, um 1718
Ein in Bleistift und Aquarellfarben ausgeführtes Design schmückt diesen gewebten Stoff von Christopher Baudoin. Blassgrüne vertikale Streifen mit rosa Kanten trennen breitere Streifen voneinander, die drei verschiedene Arten von orangen Blumen mit blassgrünen Blättern beinhalten. Die prägnanten gelben Punkte zwischen den floralen Motiven setzen einen Kontrapunkt.

Teppich, Detail, Indien, 19. Jh.
Auf seidenem und baumwollenem Schuss in Wolle handgeknüpft, diente das rautenförmige Gittermuster dieses Stücks als nützliches Hilfsmittel zur Gestaltung der Rahmen. Jeder Rhombus findet sein Spiegelbild in der unmittelbar unter oder versetzt neben ihm liegenden Raute.

Seide, England, um 1880
Das von dem Künstler George Charles Haité gestaltete kachelförmige Rastermuster dieses Stoffs wird überlagert von einer Unmenge von Motiven, darunter reich verzierte Sonnenblumen, Vögel, Fledermäuse, Mond und Sonne. Die Sonnenblume wurde von den Jüngern des Aesthetic Movement (Ästhetische Bewegung) besonders geschätzt und tauchte von der Fliese bis zur Teekanne überall auf.

Baumwolle, England, um 1921
Dieser Einrichtungsstoff zeigt ein diagonales Rapportmuster mit einem besonders kühnen, prachtvollen Motiv: Große Büschel aus pinkfarbenen, lila und bernsteingelben Blüten sowie Trauben überlagern das Gitterwerk des Hintergrunds.

69

Girlanden und Bänder

17. bis 18. Jahrhundert

Die Blumen in dieser Mustergruppe sind stets stilisiert, die Grundstruktur des Rapports beruht häufig auf mäandernden Stängeln und Girlanden. Wegen ihrer Farben und Formen gefallen solche Dessins dem Betrachter auf den ersten Blick, und seit dem 17. Jh. erfreuen sie sich in unterschiedlichen Ausprägungen ungebrochener Popularität. Der offensichtliche Reiz der Muster liegt in ihrer scheinbar zwanglosen Anordnung, die häufig wirkt, als seien die Motive verstreut oder willkürlich platziert worden. Bei größeren Stücken ist der formale Rapport aber für gewöhnlich zu erkennen.

Leinen und Baumwolle, England, Mitte des 17. Jh.

Vorhang mit einem Muster in Nadelmalerei oder Krüwellstickerei – die zweite Bezeichnung leitet sich von dem für diese Technik verwendeten Kammgarn (englisch: crewel wool) her. Die Blumen und Blätter, die scheinbar durch einen fortlaufenden, spiralförmig gewundenen Stiel miteinander verbunden sind, formieren sich zu einem Muster mit horizontalem Rapportversatz.

Seide, Detail, Frankreich, um 1700
Auf einem reizenden bemalten Behang mit einer rautenförmigen Grundstruktur aus Kletterpflanzen sind Motive wie Bambus, Blumentöpfe und kleine pagodenartige Gebäude zur Schau gestellt: ein deutliches Zeichen für die Beliebtheit importierter chinesischer Muster.

Baumwolle, Detail, Indien, 18. Jh.
Die sich biegenden Ranken der graziösen, gewundenen Kletterpflanze auf diesem Kleiderstoff mit Modeldruck umschließen Flächen, die mit kleineren, inselartigen Motiven aus anderen Blüten gefüllt sind.

Baumwolle, England, um 1700–1725
Als Inspirationsquellen für Dessins wie das zarte, anmutige Muster aus Blüten und Stängeln auf diesem bestickten Vorhang dienten neben Stichen auch Abbildungen aus Büchern und Magazinen.

Entwurf für Seide, England, um 1752
Entwurf in Bleistift und Aquarellfarben für Damast von Anna Maria Garthwaite. 1690 geboren, zählte sie zu den führenden Designern der englischen Seidenindustrie. Die Zeichnung zeigt ein Blumenmuster im Rokokostil mit dessen charakteristischer Betonung von asymmetrischen Strukturen und gewundenen Kurven.

Chintz

Indien, 18. Jahrhundert
In Indien produzierte Chintze unterschieden sich von denen, die später in Europa gefertigt wurden. Die Inder zählten zu den Ersten, die Techniken zur Bemalung von Baumwollstoff mit Beizen und Farben entwickelten. Solche bemalten und bedruckten Stoffe waren im 17. und 18. Jh. in Europa heiß begehrt. Die Bezeichnung Chintz kommt von *chitta,* das so viel bedeutet wie gepunktet oder gesprenkelt. Die Muster basierten ursprünglich auf der genauen Beobachtung von Flora und Fauna durch indische Künstler, veränderten sich jedoch allmählich mit Blick auf den europäischen Geschmack (siehe Seiten 74/75). Chintze wurden zu Vorhängen, Bett- und Wandbehängen sowie Bekleidung verarbeitet.

Baumwolle, Indien, 18. Jh.
Ein typisches Beispiel für ein florales Chintzmuster mit roten Blüten auf einem rot gesprenkelten Grund. Das sorgfältig gezeichnete, sehr schön ausgeführte Dessin ist nur einer von vielen Entwürfen, die die Erfindungsgabe indischer Gestalter bei der Kreation von direkt für den europäischen Markt bestimmten Mustern belegen.

Baumwolle, Indien, um 1715–1725
Die große Feinheit dieser Chintzbahn lässt vermuten, dass das Material als Kleiderstoff konzipiert war. Der Stoff ist insofern ungewöhnlich, als das Muster von den damals modernen, in Frankreich gewebten „bizarren" Seiden beeinflusst ist. Diese zeichneten sich durch kräftige, lineare Dessins aus, die häufig exotisch wirkende Objekte zeigten.

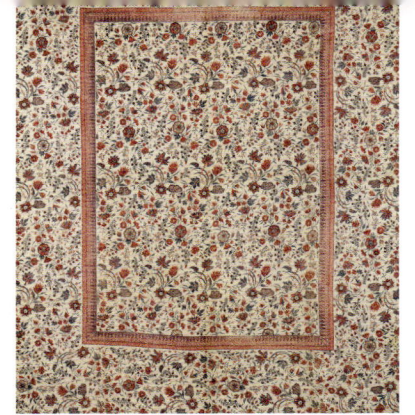

Baumwolle, Indien, um 1725–1750
In Südostindien für den westlichen Markt produzierte gequiltete Chintzbettdecke mit einem kleinen floralen Muster, bei dem man wohl eher an Kleider denkt als an Bettzeug. Eine zarte Bordüre mit Zackenmotiv trennt das Bildfeld von der Umrandung.

Baumwolle, Detail, Indien, Mitte des 18. Jh.
Dieser gemusterte Baumwollstoff aus Indien mit seiner bukolischen Darstellung einer Jagdszene, die von einer girlandenähnlichen Verzierung umgeben ist, war eindeutig für den europäischen Markt bestimmt. Dennoch mutet er recht exotisch an. Das zart bemalte Stück Chintz war für einen Petticoat vorgesehen.

Baumwolle, Detail, Indien, 1770er-Jahre
Bemalt und gefärbt, ist dieser Baumwollvolant Teil einer berühmten Bettausstattung, die Mrs David Garrick 1775 in Kalkutta von Freunden als Geschenk erhielt. Die Behänge, die einst der Zoll beschlagnahmte, wurden in Masulipatam in Madras in einer Manufaktur der Ostindien-Kompanie gefertigt.

Chintz

England, 19. Jahrhundert

Chintz ist allgegenwärtig und insbesondere als Dekorationsstoff für englische Landhäuser oder Cottages nicht wegzudenken. Im Englischen bezeichnet Chintz heute im allgemeinen Sprachgebrauch einen beliebigen floralen Baumwolldruck. Die Chintzproduktion in Europa entwickelte sich auf der Grundlage der ursprünglichen Importe aus Indien (siehe Seiten 72/73). Im Laufe des 19. Jh. kreierten die Chintzhersteller eine Unmenge von Drucken mit einer großen Variationsbreite und Originalität der Muster. Sowohl Frankreich als auch England taten sich bei der Musterfertigung hervor, wobei die französischen Dessins formaler waren und die englischen gern Blumen in unterschiedlichen Zusammenstellungen zeigten.

Baumwolle, England, um 1805–1810

Angesichts seiner verblüffenden Ähnlichkeit mit einem französischen Design könnte es sich bei diesem englischen Stoff durchaus um eine Kopie handeln – sofern nicht beiden Entwürfen dieselbe indische Inspirationsquelle zugrunde liegt. Die Firma Bannister Hall in Preston war der führende Hersteller solcher Stoffe, bei denen es sich um polychrome Modeldrucke mit blauer Kolorierung handelte.

Baumwolle, England, um 1825

Muster lassen sich verändern, indem man einfach die Hintergrundfarbe austauscht. Welche Möglichkeiten sich so ergeben können, veranschaulicht dieser im Tauchbad blau vorgefärbte, mit einer Reservetechnik und Modeldruck gestaltete Baumwollstoff. Zwischen den ein Stück weit stilisierten Blüten und Blättern verläuft eine Bordüre mit senkrechtem Kettenmuster.

Baumwolle, England, 1827
Von 1826 bis 1830 waren zart gedruckte, farnähnliche Blätter populär. Dieser Chintz mit Modeldruck wurde diversen Veredelungsprozessen unterzogen, um ihn mit einer glänzenden Oberfläche zu versehen. Der Glanz verlor sich zwar beim Waschen, konnte jedoch erneuert werden.

Baumwolle, England, 1836
„Hollyhock" (Stockrose) heißt dieser bedruckte Chintz, dessen naturalistisches Blumendessin trotz seiner Beliebtheit von Designreformern verrissen wurde. Der Stoff wurde 1852 im Rahmen einer Ausstellung mit dem Titel „False Principles in Design" (Falsche Designprinzipien) gezeigt, wo man ihn ob seiner „direkten Nachbildung der Natur" verdammte.

Baumwolle, England, um 1850
Eine komplexe Gestaltung mit vier verschiedenen Musterelementen. Die Blumensträuße sind durch ein Tuch miteinander verbunden, das wiederum von vergoldeten stilisierten Stielen flankiert wird – alles vor einem klein gemusterten, gitterartigen Hintergrund.

Naturalistische Muster

20. Jahrhundert

Blumen erlauben dem Gestalter eine schier unbegrenzte Freiheit, wobei sich schon die Vielfalt an Formen, Farben und Anordnungsmöglichkeiten als unerschöpfliche Inspirationsquelle erweist. Blumenmotive können botanisch korrekte Abbilder von einzelnen Arten sein, sie können ein Stück weit stilisiert sein, sodass die Blumen zwar erkennbar, doch geringfügig verfremdet sind, oder sie können vollkommen abstrakt sein. Obgleich bestimmte Blumenarten eine eigene symbolische Bedeutung haben, stehen Blumen als solche für Passivität, Harmonie und Unschuld. Am häufigsten verwendet man sie aus rein dekorativen Gründen.

Baumwolle, England, um 1891
„Daffodil" (Narzisse), ein von John Henry Dearle entworfenes und von Morris & Co. im Modeldruck aufgebrachtes Rapportmuster. Es ist beispielhaft für Dearles spätere Arbeiten, die von der Komplexität und den gewundenen Linien nahöstlicher Dessins beeinflusst waren. In der Blumensprache der viktorianischen Briten galt die Narzisse als Symbol für Wertschätzung.

Leinen, England, 1930
Dieses Allover-Muster von Arthur Sanderson & Sons zeigt typische Blumen aus einem englischen Garten auf dem Lande. Die viktorianischen Briten, für die Symbole eine wichtige Rolle spielten, hätten Rittersporn und Phlox vielleicht ihrer Bedeutung (Wankelmut bzw. Einmütigkeit) wegen gewählt. Hier waren wohl eher die harmonischen Farben ausschlaggebend.

Baumwolle, England, 1932
Bunte Krokusse vor blauem Grund wirken in diesem fröhlichen, von Arthur Sanderson & Sons produzierten Design voller Optimismus. Der Krokus versinnbildlicht jugendlichen Frohsinn und gilt weithin als Vorbote des Frühlings.

Seide, England, 2008
Moderne Interpretation eines traditionellen Motivs der Winde, einer Blume, die üblicherweise für Zuneigung steht. Der Entwurf von Clarissa Hulse mutet wunderbar ätherisch an, was sich zum Teil durch die weichen Schatten des Motivs und die lange Linie der filigran herabfallenden Ranken erklärt.

Leinen, England, 2008
Bei diesem abstrakten Blütenmuster von Neisha Crossland bilden die gewundenen Stiele ein Muster aus Medaillons, das an Stickereien des frühen 17. Jh. erinnert. Die orangerote Farbzusammenstellung auf porzellangrauem Fond stammt jedoch eindeutig aus dem 21. Jh.

Viktorianische Symbolik

19. bis 20. Jahrhundert

Bei den viktorianischen Briten erfreute sich die Sprache der Blumen großer Beliebtheit. Deren symbolische Verwendung geht allerdings bis auf die Antike zurück. Im Mittelalter und in der Renaissance wurden Blumen oft mit moralischen Bedeutungen belegt. Dies zeigt sich am deutlichsten in der Kunst, wo die Heiligen mit den Blumen dargestellt sind, die ihre Tugenden versinnbildlichen. Obwohl wir nicht sicher sein können, ob Muster mit einem speziellen Pflanzenmotiv einen symbolischen Gehalt vermitteln sollten, stellt die volkstümliche Fantasie oft ihre eigenen Verbindungen her.

Wolle und Baumwolle, England, um 1851

Gewebter Damast mit den gotischen Motiven, die man besonders mit A.W.N. Pugin verbindet, einem Architekten und Gestalter, der bahnbrechend war für die Wiederbelebung des neogotischen Designs. Pugin legte das Fundament für eine Ästhetik, die stilisierte Muster über naturalistische erhob.

Baumwolle, England, 1873
Von William Morris persönlich entworfen, ist dieses Muster mit Tulpen und Weiden ausgesprochen charakteristisch für die Arbeiten von Morris & Co. Die Tulpe symbolisiert Ruhm, die Weide hingegen Verlust, Trauer und Tod.

Seide, England, 1876
Das Geißblatt steht für eine großzügige, hingebungsvolle Zuneigung und/oder ein freundliches Gemüt. Der Designer William Morris bediente sich hier seiner Pflanzenkenntnisse, um eines jener kunstvollen, doch entspannenden Muster zu schaffen, die für sein Werk typisch werden sollten.

Baumwolle, England, 1888
Typisches Dessin eines bedruckten Dekostoffs aus dem späten 19. Jh. Die großen, reich verzierten Blätter und floralen Voluten wurden von Lewis Foreman Day, einem der erfolgreichsten Gestalter seiner Zeit, bei diesem Muster zusammengeführt. In der Sprache der Blumen signalisieren die Pinktöne die lebendige Liebe, die Weide hingegen die verlorene.

Papier, England, frühes 20. Jh.
Dieser Stoffentwurf der Silver Studios mit dem Namen „Green Hemlock" (Grüner Schierling) ist benannt nach einer Pflanze, die traditionell mit dem Tod und Übernatürlichem verbunden wird. Es ist allerdings unwahrscheinlich, dass seinen Schöpfern eine allzu düstere Interpretation vorschwebte: Ein vager Bezug zum Mystischen sprach die Empfindsamkeiten der Jugendstilära an.

Stilisierte Muster

20. Jahrhundert

Im frühen 20. Jh. verband man die Stilisierung von Formen mit den Gestaltungsansätzen des Jugendstils und Art déco. In vielen Fällen lässt sich die Ausgangsform einer verfremdeten Blume noch erkennen, in anderen ging ihre Identität verloren. Die neuartigen Muster ergaben im Verein mit den neuartigen Farben, die durch die Entwicklungen des chemischen Färbens möglich geworden waren, einige sehr lebhafte und spannende Textilien. Mag auch die symbolische Bedeutung der Blumen gelitten haben, ihre Bedeutung für die Muster hat es nicht.

Textilentwurf, Schottland, 19.–20. Jh.

Eine typische Arbeit von Charles Rennie Mackintosh mit seiner allgegenwärtigen und unverwechselbaren Rose, hier kombiniert mit einer lockeren geometrischen Struktur aus schlichten, mit Perlen versehenen Linien. Die Rose steht für Perfektion und Liebe.

Baumwolle und Leinen, England, 1903
Der Krokus gilt als Symbol für Fröhlichkeit und Gerechtigkeitsliebe. Bei diesem Entwurf von George Charles Haité für einen Einrichtungsstoff wurden Krokusse durch die Stilisierung zu volutenartigen Wirbeln angeordnet, die sich über das ganze Muster hinweg wiederholen. Die Blütenblätter sind mit schweren, dunkleren Linien konturiert.

Baumwolle, England, 1906
Nicht allzu typisch für den Jugendstil ist dieses regelmäßige Muster aus stilisierten Tulpen, die kerzengerade aufgerichtet sind, ein großes Blatt hinter dem Blütenkopf, zwei kleinere, leicht eingerollt, seitlich am Stiel. Rote Tulpen symbolisieren ewige Liebe.

Seite aus einem Stoffmusterbuch, Japan, 1938
Gestaltung für einen Stoff mit dem Namen „Poppies" (Mohnblüten). Das simple Dessin aus weißen Blüten mit grünen und grauen Blättern auf rosa Grund wirkt ein wenig melancholisch – durchaus angemessen für eine Blume, die für Träume steht.

Baumwolle, China, um 1978
Die Betonung der Vertikalen bei diesem Muster verrät die Verwendung des Stücks als Tagesdecke. Es ist bedruckt mit großen Pfingstrosen als Sinnbild für Reichtum und Ehre, mit Pfauen als Symbol für Schönheit und Würde und mit dem Pekinger Tempel des Himmels.

TIERE

Einleitung

Säugetiere, Vögel und Insekten rangieren bei Designern gleich nach Blumen auf dem zweiten Platz der Beliebtheitsskala. Ob in realistischen oder mythologischen, abstrakten oder stilisierten Interpretationen, die Fauna zählt zum täglichen Brot des Gestalters. Mit bestimmten Arten werden spezifische Vorstellungen oder symbolische Bedeutungen verbunden. So spielen etwa vor allem Kraniche, Pfauen, Pferde und Elefanten im Glauben und Aberglauben verschiedener Kulturen eine zentrale Rolle. Neben Mustern mit bestimmten Säugetierarten präsentiert dieses Kapitel auch eine Auswahl der zahlreichen Dessins mit Insekten und Wassertieren.

Leinen, Detail, England, frühes 17. Jh.
Bestickte Decke mit charmant und naiv dargestellten wilden Tieren: einem rennenden, mit goldenen und silbernen Tupfen in blauen Quadraten geschmückten Kaninchen, einem kleinen Vogel und einer rot konturierten Raupe. Obgleich alle drei Motive über eine eigene symbolische Bedeutung verfügen, ging es dem Designer hier anscheinend nur um eine dekorative Wiedergabe der Tierwelt in freier Natur.

Wolle, Detail, Niederlande, Mitte des 18. Jh.
Die Nahaufnahme dieses Straußes zeigt nur eines von mehreren exotischen Tieren auf einem beigen, handgestrickten Unterrock. Mit linken Maschen gestaltet, heben sie sich von dem glatten Grund rechter Maschen ab. Der Strauß versinnbildlicht Glaube und Kontemplation.

Seide, Fragment, Japan, 19. Jh.
Dieses in einem Album entdeckte Drehergewebe ziert ein Motiv in *yuzen*-Reservetechnik, ein Eichhörnchen auf einer Weinrebe. Es symbolisiert Vertrauen und Sparsamkeit und steht in Japan für Fruchtbarkeit.

Baumwolle, England, 1882
Von William Morris entworfener und mit Indigoätzdruck und Modeldruck gestalteter Dekostoff „Brother Rabbit" (Bruder Kaninchen, rechts). Das für Morris' Arbeiten typische formale Rapportmuster ist anscheinend von den *Geschichten von Onkel Remus* inspiriert, die er seiner jungen Familie vorlas.

Bildwirkerei, Detail, England, 1887
William Morris und Philip Webb entwarfen den unten abgebildeten „Forest" (Wald). In einen dichten Bewuchs aus rankendem Akanthus, einem von Morris' bevorzugten klassischen Motiven, sind fünf Studien von Vögeln und Säugetieren integriert. Hier sieht man den Löwen.

Insekten

17. bis 21. Jahrhundert

Insekten mögen auf den ersten Blick nicht wie ideale Mustermotive wirken, werden jedoch gerne als solche verwendet. Ob Käfer oder Bienen, Zikaden oder Grillen – Insekten bieten ein reiches visuelles Material, sind per se dekorativ und haben symbolische Bedeutungen. So gilt etwa die Biene als Sinnbild für die Durchsetzung von Zivilisation und Ordnung mit Weisheit und Gewalt. Während der kaiserlichen Herrschaft Napoleons I. fand sie als Motiv breite Verwendung. Aufgrund ihrer geringen Größe und ihres komplizierten Körperbaus waren Insekten zu einer Zeit, als feine Handarbeiten als wichtige gesellschaftliche Leistung geschätzt wurden, auch beliebte Demonstrationsobjekte für den virtuosen Umgang mit Nadel und Faden.

Samt, Detail, England, um 1600
Außerordentlich kunstvoll ist dieser Kissenbezug aus Seidensamt, den Leinencanvas-Applikationen mit dichter Petit-Point-Stickerei in Seidengarnen und Metallfaden sowie Anlegearbeiten zieren. Würmer, Raupen und Schnaken sind genauso groß wie Hunde und Elefanten, wodurch das Design naiv, doch bezaubernd anmutet.

Satin, England, um 1600

Es ist schon eine recht bizarre Komposition, mit der dieser ursprünglich für einen Unterrock gedachte Stoff bestickt ist. Gezackte Pfeile, ein Turm und eine Armillarsphäre wetteifern um einen Platz mit einem Spinnennetz – Letzteres ohne Bewohner. Bei aller Seltsamkeit des Sujets wurde bei der Umsetzung an bunten Seiden und Goldfaden nicht gespart.

Leinen, Detail, England, um 1609–1629

Das Muster der Decke, von der hier nur ein Ausschnitt abgebildet ist, zeigt Voluten, Säugetiere, Vögel und Blumen. Hier sieht man das Stück einer Blume und eine Raupe – beide klar erkennbar, wenn auch nicht naturalistisch, in seidenem Silber- und silbervergoldetem Faden ausgeführt.

Spitze, Detail, Frankreich, frühes 19. Jh.

Während des ersten Französischen Kaiserreichs (1804–1814) nahm die Biene als Sinnbild des mächtigen Regenten eines wohlgeordneten Imperiums in der französischen Symbolik eine wichtige Stellung ein. Mit diesem dreieckigen Spitzentuch *(fichu)* signalisierte die Trägerin ihre Loyalität zum Kaiser.

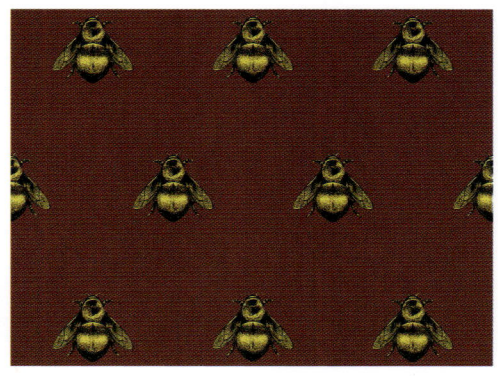

Samt, Schottland, 2008

Wie allein die Größenveränderung die Wirkung eines Musters beeinflussen kann, illustriert diese von Timorous Beasties, einem 1990 in Glasgow gegründeten Unternehmen, entworfene moderne Interpretation des napoleonischen Motivs. Die Biene ist hier übergroß wiedergegeben und wird so zu einer deutlichen Botschaft, die nur Zustimmung oder Ablehnung zulässt.

85

Schmetterlinge

18. bis 20. Jahrhundert

Die Farbgebung und Zartheit von Schmetterlingen haben schon viele Designer und Mustergestalter inspiriert. Im Lebenszyklus des Schmetterlings mit seiner Metamorphose von der Larve zur geflügelten Schönheit liegt auch symbolhafte Bedeutung. Er spielt eine Rolle in zahlreichen Mythen und Erzählungen, so in der Geschichte der Psyche, wo diese schöne junge Frau oft mit einem Schmetterling als Auferstehungssymbol dargestellt wird. Es verwundert nicht, dass der Schmetterling darüber hinaus oft mit für Frauen bestimmten Mustern assoziiert wird, da beiden die gleiche Grazie zu eigen ist.

Baumwolle, Detail, Indien, um 1720–1740
Dieser bemalte und gefärbte *palampore* aus Chintz von der Koromandelküste zeigt, wie kleine verstreute Motive, im vorliegenden Fall Schmetterlinge und Vögel, zum Füllen von Lücken in der Bordüre genutzt werden können. Das Hauptmotiv des Stücks beinhaltet kleine Insekten, Vögel und Krabben, die Gestaltung in seiner Gesamtheit erinnert an zeitgenössische Keramikentwürfe.

Spitze, England, 1878
Ein Fächerblatt aus Klöppelspitze von Emma Radford demonstriert den Naturalismus, wie man ihn mit der Spitzenproduktion in Honiton, Devon, verbindet. Blüten, Früchte, Blätter und Insekten sind eindeutig der Natur entlehnt und selbst in völlig weißer Ausführung sofort zu erkennen.

Seide, Japan, 1884
Aus einem Musterbuch stammt dieses reizende, in Seide gestickte Beispiel mit Disteln und einem Schmetterling, das in Kioto gefertigt wurde. In Japan erinnert die Grazie und luftige Leichtigkeit des Schmetterlings an Frauen und ihre Weiblichkeit. Ein Schmetterlingspaar ist Sinnbild für eheliches Glück.

Baumwolle, England, um 1920
Gestaltet von Minnie McLeish, wurde dieser im Rouleauxdruck bemusterte Dekorationsstoff auf der Pariser Weltausstellung von 1925 präsentiert. Die Blüten und Insekten sind in ihrer Abstraktion charakteristisch für Art-déco-Muster, daneben aber auch ein deutlicher Verweis auf Seidendrucke des frühen 18. Jh.

Seide, Österreich, um 1925
Bedruckter Kleiderstoff aus der Wiener Werkstätte. Die einfachen Formen und leuchtenden Farben waren typisch für ihre Textilien, die Muster gingen zurück auf osteuropäische Volkskunst und geometrischen Motive.

Wassertiere

19. bis 20. Jahrhundert

Die Verwendung von maritimen Motiven für Textilmuster lässt sich bis zu frühen ägyptischen Arbeiten zurückverfolgen, die auf Stoff Abbildungen von schwimmenden Fischen zeigen. Zwar ist die christliche Ikonografie des Fischs und Fischers wohlbekannt, doch sind Fische auch in anderen Kulturen mit symbolischen Bedeutungen belegt. So stehen sie in China für Glück und andernorts für Wasser, Leben und Fruchtbarkeit. In der japanischen Kultur versinnbildlicht der Koi-Karpfen Zielstrebigkeit und Beharrlichkeit unter widrigen Umständen.

Baumwolle, Detail, Japan, 19. Jh.
Futonbezug oder *futonji* mit mittels Stärkereservierung *(tsutsugaki)* aufgebrachtem Muster, das Fische in Medaillons zeigt, die von anderen runden geometrischen Formen wie einem stilisierten Kranich als Symbol für ein langes Leben umgeben sind. Diese Verbindung von Fisch und Vogel gilt als glücksverheißend.

Bastfaser, Detail, Japan, 19. Jh.
Ursprünglich war diese gewebte Stoffbahn aus Hanffaser mit ihrem mittels Stärkereservierung gefärbten Design als Kimonostoff konzipiert. An Uferblumen schwimmen Fische vorbei – ein Anblick, so angenehm beruhigend und entspannend, als säße man müßig an einem Fluss.

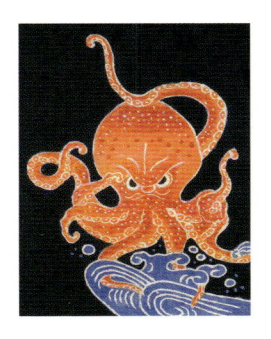

Seide, Japan, 19. Jh.
Zwei gestickte Hummer schmücken dieses *fukusa* aus Seidensatin, ein genähtes Einschlagtuch für Geschenke. Sie stellen Izanami-no-mikoto, die Göttin der Schöpfung, und ihren Mann Izanagi-no-mikoto dar. Dieses urtümliche Paar befindet sich in Ise im bedeutendsten Shinto-Schrein Japans.

Baumwolle, Detail, Japan, frühes 20. Jh.
Noren oder Türvorhänge bestehen aus am oberen Ende aneinandergenähten Stoffbahnen. Man findet sie an den Türen von kleinen Läden, wo ihr Muster als Reklame fungiert. Es ist gut möglich, dass dieses Exemplar mit seinem auffallenden Oktopusmotiv von der Eingangstür eines Fischgeschäfts stammt.

Leinen, Irland, um 1935
„Mandalay" heißt das Dessin dieses eleganten, beidseitig verwendbaren Leinenstoffs. Der stilisierte Schwarm von Fischen, die zu zweit oder dritt nebeneinander schwimmen, besticht als besonders edles Beispiel eines Art-déco-Entwurfs, dem ein typisches Gefühl für Bewegung innewohnt.

Vögel

Antike und Moderne

Textilien mit Darstellungen von Vögeln gibt es schon aus frühägyptischer Zeit, und seit damals haben Vögel nichts von ihrer Beliebtheit als dekoratives Motiv eingebüßt. Ob stilisiert oder naturalistisch, die meisten Arten, von zarten Singvögeln bis zu Pfauen, Kranichen und Adlern, haben irgendwann einmal den Weg in textile Muster gefunden: Die Fähigkeit der Vögel, zu fliegen, dient oft als Darstellung für die Verbindung zwischen Himmel und Erde, aber auch für die spiritueller Zustände, Engel und höhere Daseinsformen. Schwarze oder dunkle Vögel sind in textilen Mustern allerdings kaum anzutreffen, da sie in vielen Ländern für Unglück oder sogar Tod stehen.

Bildwirkerei, Detail, Ägypten, 4.–5. Jh.
Frühe Leinenwirkerei mit einer in blaugrüner Wolle ausgeführten Wachtel mit roten, rosa und gelben Details. Die Wachtel, Sinnbild für den Kreislauf des Lebens, findet sich häufig auf dekorativen frühägyptischen Textilarbeiten.

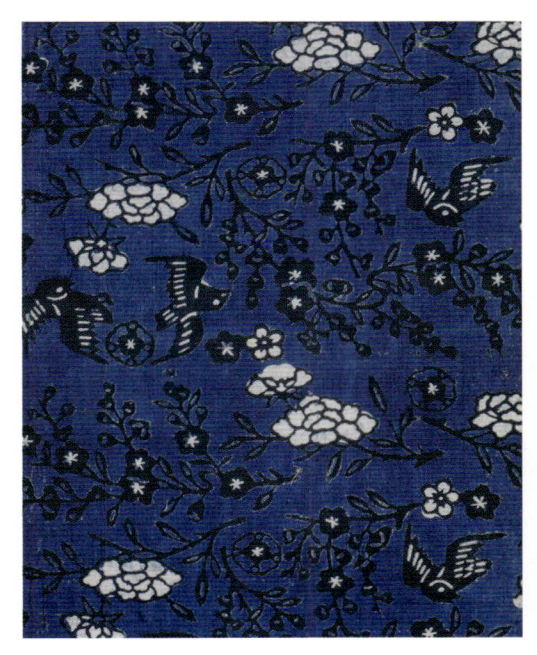

Bildwirkerei, Detail, England, 19. Jh.
Ab den späten 1870er-Jahren griff William Morris bei mehreren seiner beliebten Muster auf Vogelpaare zurück. Hier zeugt die akkurate Wiedergabe von seiner Vertrautheit mit der Vogelwelt Großbritanniens, die er in seinem ländlichen Garten genau beobachtete.

Baumwolle, Japan, 19. Jh.
Diesen traditionellen, in einem Reserveverfahren mittels Schablonen und freihändiger Malerei dessinierten *bingata*-Stoff von den Ryūkyū-Inseln schmücken stilisierte Vögel und Blumen in Dunkelblau und Weiß. *Bingata*, im Allgemeinen in leuchtenden Farben gehalten, können verschiedene, gewöhnlich auf natürlichen Motiven beruhende Muster in sich vereinen.

Baumwolle, England, 1930er-Jahre
Bei diesem im Rouleauxdruckverfahren gestalteten Einrichtungsstoff ist das zentrale Element das ausgesprochen naturalistisch umgesetzte Rapportmuster aus Vögeln und einem herabhängenden Blütenzweig. Das Design stammt von einer Druckplatte von John James Audubons *The Birds of America* und gehört zu einer nach Audubons Entwürfen geschaffenen Serie.

Vögel

Baumwolle, England, 1830er-Jahre
Von John J. Audubon entworfen, ist dieses Muster mit Vögeln, Blumen und Kiefernzapfen Ausdruck des starken Naturinteresses jener Zeit. Es wurde im Rouleauxdruckverfahren auf den Dekostoff aufgebracht, weitere Farben wurden mit der Flächenwalze ergänzt.

Seide, Detail, Japan, Mitte des 19. Jh.
Detail eines Satinkimonos mit Seidenstickerei, das Dessin heißt „Ducks on Rippling Water with Flowers" (Enten auf sich kräuselndem Wasser mit Blumen). Auf dem tiefblauen, sich kräuselnden Wasser eines mit Schilf und Blumen bewachsenen Flusses schwimmen Mandarinenten, ein Symbol für eheliche Harmonie.

Samt, England, um 1850–1874
Dieser für ein Kleideroberteil verwendete schwarze Stoff ist üppig bestickt mit Vögeln in Blau und Creme sowie mit Schmetterlingen. Mitte des 19. Jh. war Kleidung häufig außerordentlich kunstvoll besetzt und verziert, wofür man gerne natürliche Motive wählte.

Baumwolle, England, 1883
„Strawberry Thief" (Der Erdbeerdieb), mit Vögeln von Philip Webb, gehört zu den bekanntesten Dekorationsstoffen von William Morris. Der Druck mit seinen lang- und kurzschwänzigen Drosseln inmitten von grünem Laub, blauen Akanthusblättern und roten Erdbeeren vor dunkelblauem Grund ist eine typische Arts-and-Crafts-Gestaltung.

Unbekanntes Material, Großbritannien, 1930er-Jahre
Bedruckter Einrichtungsstoff „Swans" (Schwäne), entworfen von Eileen Hunter. Die stilisierten weißen Motive ähneln eindeutig Schwänen. Dieser Effekt wird verstärkt durch den Kontrast zwischen den hellen und dunklen Bereichen, der das Auge verwirrt und das Erscheinungsbild als unterschiedliche Formen wahrnehmen lässt.

Seide, Detail, England, 1966
Im Siebdruckverfahren bemusterter Stoff des Ascher Studios in London. Der Entwurf mit seinen Schwalben, Zweigen und Blüten ist ebenso wie der fliederfarbene Grund von japanischer Malerei beeinflusst. In den 1960er-Jahren kam es zu einem Revival des Interesses an japanischen bildlichen Darstellungen, die als traditionell und modern zugleich galten.

Kraniche und Gänse

17. bis 20. Jahrhundert

Obgleich man sie stark mit China und insbesondere Japan assoziiert, kommen Kraniche und Gänse auch bei Textilien aus anderen Kulturen vor. Im Taoismus versinnbildlicht der Kranich Unsterblichkeit, in Japan ein langes Leben. Seine weißen Federn stehen für Reinheit, sein roter Kopf für seine beharrliche Lebenskraft. Die alljährliche Rückkehr dieses Zugvogels, der häufig mit einer Pflaumenblüte als Zeichen für den Frühling abgebildet ist, galt auch als Auferstehungssymbol. In manchen Kulturen wird die Gans als Vermittler zwischen Himmel und Erde dargestellt.

Seide, Korea, um 1600–1700
Die koreanische Ikonografie auf Rangabzeichen wie diesem ist unverwechselbar. Sie zeigt Vögel oder Säugetiere allein oder in Paaren inmitten von wellenumspülten, stilisierten Felsen. Auf dem in Seidengarn verzierten Stück hält in einer formalisierten Landschaft ein einzelner Kranich die Pflanze der ewigen Jugend im Schnabel.

Satin, China, 18.–19. Jh.
Als „Mandarinquadrat" bekanntes Rangabzeichen mit einer fliegenden Wildgans, einem glücksverheißenden Symbol, vor einem dicht mit Voluten geschmückten Grund. Das Abzeichen weist seinen Träger als Inhaber des vierten Rangs aus und war für eine Platzierung auf einem Übermantel gedacht. Das Muster besteht aus dichter Stickerei in Seidengarn und Goldfaden.

Seide, Japan, 19. Jh.
Gewebtes Satin-*fukusa* oder Einwickeltuch für Geschenke mit in Seide gestickten fliegenden goldenen Kranichen mit schwarzen Federn und roter Kappe auf tiefblauem Grund. Kunstvoll verzierte Einwickeltücher waren ein zentraler Bestandteil der Zeremonie des Schenkens und spiegelten den Status und Geschmack des Schenkenden wider.

Seide, Detail, Japan, 19. Jh.
Bei einem *fukusa* handelt es sich um ein kunstvoll geschmücktes Stoffquadrat, in das ein Geschenk während seiner formellen Überreichung einhüllt ist. Bei diesem Beispiel aus Seidensatin prangen gestickte weiße Kraniche mit goldenen Kappen auf tiefblauem Grund. Durch seine Asymmetrie wirkt das Muster optisch anregend.

Baumwolle, Großbritannien, 1948
Das vertikale Rautenmuster in der Mitte wird von Zickzacklinien des Hintergrunds aufgenommen und findet ein Gegengewicht in sich wiederholenden kleinen Vögeln und anderen Wildtieren. Dieser Druck in Wachsreservierung wurde von der Firma Logan, Muckett & Co. in Manchester für den Export nach Westafrika gestaltet.

Pfauen

18. bis 20. Jahrhundert

Im Westen weithin bekannt als Symbol für Eitelkeit, war der Pfau in seiner Geschichte bedeutender als Sinnbild der Sonne. In der klassischen Mythologie galt er als heiliges Attribut von Hera, der Gemahlin des Zeus, aber auch in anderen Kulturen erfüllt er bis heute eine Reihe von emblematischen und symbolhaften Rollen. So diente er in Burma als Emblem der Monarchie, wird in Indien als Vernichter von Schlangen betrachtet und mit Unsterblichkeit verbunden und stellt für Muslime ein kosmisches Symbol dar. Das Pfauenmotiv war im Europa des 19. Jh. für Muster populär. Man verband es mit dem Aesthetic Movement (Ästhetische Bewegung), das die Schönheit in Kunst und Design zum Kult erhob und das Motiv in dekorativer Absicht einsetzte.

Baumwolle, England, 1761
„Old Ford" (Alte Furt), ein Kupferplattendruck von Robert Jones & Co., zeigt eine idyllische Szene mit einem zwischen klassischen Ruinen umherstolzierenden exotischen Pfau. Mitte des 18. Jh. waren solche dichte, bildhafte Muster beliebt.

Wolle, England, 1878
Bei seinem Entwurf „Peacock and Dragon" (Pfau und Drache) bediente sich William Morris bewusst islamischer Farben und Motive. Die Paare von einander zugewandten Pfauen beiderseits des Lebensbaums nehmen Bezug auf die östliche Vorstellung von der zweifachen Natur der menschlichen Psyche.

Baumwolle, England, um 1882
Im Verein mit dem stilisierten Laub ergibt das Pfauenmotiv dieses bedruckten Stoffs von A.H. MacMurdo von der Century Guild ein sehr formales und symmetrisches Rapportmuster. Die Gildemitglieder entwarfen dekorative Kunstwerke, darunter auch Textilien, die dann für sie gefertigt wurden.

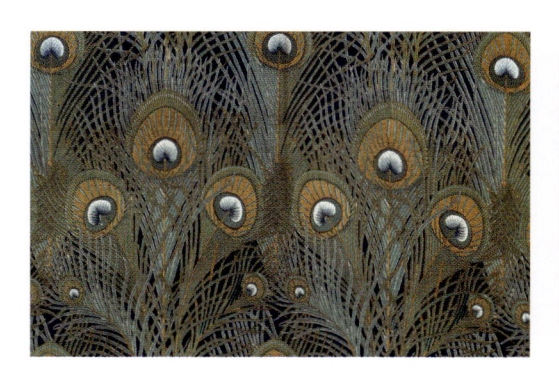

Baumwolle, England, um 1887
Dieses bekannte Design namens „Peacock Feathers" (Pfauenfedern), das man seit Langem mit Liberty & Co. verbindet, entwarf Arthur Silver von den Silver Studios. Als Symbol für die eigene Schönheit traf die Pfauenfeder bei den Anhängern des Aesthetic Movement (Ästhetische Bewegung) auf besondere Resonanz.

Baumwolle, England, um 1992
Als Dekorationsstoff konzipierte exotische, im Rouleauxdruckverfahren bemusterte Ware mit einem regelmäßigen Rapportmuster aus Pfauen in Lila, Braun und Weiß, die auf rosa blühenden Ästen sitzen.

Pferde

16. bis 20. Jahrhundert

Ob als Kreatur der Finsternis, Sinnbild für magische Kräfte, Überbringer des Todes, Wassergott, Antriebskraft, Geschöpf der Sonne oder Götterstute – das Pferd übt eine starke Anziehungskraft auf unsere kollektive Psyche aus und dient schon seit frühester Zeit in zahlreichen Kulturen als Machtsymbol. Muster zeigen Pferde in jeder Verfassung: manchmal gezähmt und in ländlicher Umgebung, manchmal eher gepaart mit Schnelligkeit und unabhängiger Kraft.

Bildwirkerei, England, um 1590–1620
Gewirkter Bettvolant, eine Arbeit der Sheldon-Werkstätten. Die idealisierte Jagdszene, komplett mit tänzelnden Pferden, Jagdhunden und Jägern zu Fuß, ist durch Vasen voller Früchte und Blumen von den Darstellungen anderer Beschäftigungen getrennt. Durch die in der Ferne verschwindenden Hügel entsteht eine naive Tiefenwirkung.

Baumwolle, Indien, Mitte des 18. Jh.
In Südindien für den europäischen Markt produziert, präsentiert dieser Stoff für einen Unterrock in seinem Bordürenmuster westliche Figuren und Reiter. Zu jener Zeit wurde der Unterrock sichtbar unter einem offenen Kleid getragen.

Baumwolle, Frankreich, um 1840
Elsässischer, an einen Toile erinnernder Druck mit Vignetten aus dem ländlichen Leben, in denen das zahme Pferd als Diener des Menschen erscheint. Solche kleinen gerahmten Darstellungen waren typisch für die 1840er-Jahre, als pastorale, oft populärer Literatur entnommene Szenen zwischen Laubwerk zu Rapportmustern arrangiert wurden.

Baumwolle, Indien, um 1880
Dieser in Kamalia, Punjab, hergestellte bedruckte Wandbehang zeichnet sich durch ein streng geordnetes Muster aus. Die gesamte Gestaltung setzt sich aus bis zu zehn Bändern mit verschiedenen Abbildungen und Motiven zusammen. Die tänzelnden Pferde sind Teil einer formellen Parade und geben eine gute Folie für die steifen Blumen in der Mitte ab.

Baumwolle, England, 1948
In seinem vor Energie strotzenden Druck „Horse Heads" (Pferdeköpfe) legte John Drummond den Fokus auf all die Muskeln und Kraft, die man mit Pferden verbindet. Ein einfacher Rapporthalbversatz in der Länge mit einem Füllmuster aus verstreuten, abstrakten Formen ist charakteristisch für diese Periode. Man könnte das Motiv auch als Meerespferd interpretieren.

99

Elefanten

16. bis 19. Jahrhundert

Als Symbol für Reichtum, Wohlstand und Stabilität nimmt der Elefant in der asiatischen Kultur einen besonderen Platz ein. Indra, in der hinduistischen Mythologie der Herrscher des Himmels, wird üblicherweise als Sinnbild königlicher Macht auf einem Elefanten reitend dargestellt. In Südostasien gilt ein weißer Elefant als Garant für Regen und eine gute Ernte. Im Buddhismus steht ein einzelner Elefant für die Empfängnis Buddhas, auf einer Säule platziert für geistige Erleuchtung. Schließlich wird der Elefant in der asiatischen Symbolik auch mit der Stütze des Weltalls gleichgesetzt: Vier Säulen (die Beine) tragen eine Weltkugel (den Körper).

Seide, Fragment, Indien, 16. Jh.
Auf diesem Stoff oder Wandbehang sieht man ein eingewebtes Motiv, bestehend aus einem Elefanten mit Reiter, der im Begriff ist, einen Pfeil abzuschießen. Das merkwürdige Größenverhältnis schmälert nicht die Gesamtwirkung des wunderbaren, inzwischen recht verblichenen Stücks.

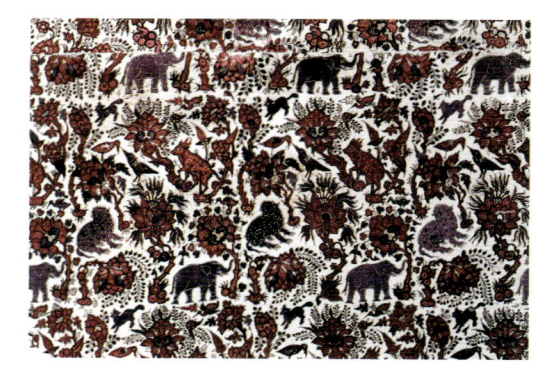

Baumwolle, Detail, Indien, um 1640–1680
Elefanten und andere Tiere tummeln sich zwischen floralen Motiven in dem Rapportmuster dieser Tagesdecke aus Chintz von der Koromandelküste. Das leuchtende, frische, fröhliche Design ist typisch für die Stoffe jener Zeit und Gegend.

Musterstück, Detail, Indien, 19. Jh.

Privat gefertigte Stickerei in dichtem Kettenstich, ein charakteristisches Beispiel für die Arbeiten aus Kutch im nordwestlichen Gujarat. Der tiefrosa Grund bringt den laufenden, mit Reitsitz, Satteldecke und Federbusch ausstaffierten blauen Elefanten und die ihn flankierenden Blumen bestens zur Geltung.

Seide, Detail, Indien, 1855

Gewebtes Seidensari-Muster aus Bengalen. Geschmückte Elefanten mit Fahnen tragenden Führern bewegen sich in einer Parade an Männern vorbei, die lesend auf Stühlen sitzen. Eine Bordüre aus Rhomben und einem traditionellen *boteh*- oder Paisleymuster rahmt die Szene.

Baumwolle, Detail, Indien, um 1897

Tagesdecke oder *kantha*, in weißem und farbigem Baumwollgarn überwiegend mit Vorstich gequiltet und bestickt. Die naiven Motive schließen auch ein bezaubernd urtümliches Elefantenpaar ein. Solche Decken bestanden oft aus abgetragenen Saris.

Mythologische Muster

17. bis 19. Jahrhundert

Wo immer es eine Tradition der Mythenbildung oder des Geschichtenerzählens gibt, finden die mythologischen Themen und Bilder auch Eingang in Textilien. Es ist stets umstritten, ob ein bestimmtes Beispiel tatsächlich auf den Symbolgehalt des offenbar dargestellten Mythos abzielt oder nur auf sein dekoratives Potenzial. Wurden Muster aus anderen Kulturen übernommen, trifft häufig die zweite Möglichkeit zu. Das korrekte Verständnis eines Musters hängt immer in hohem Maße vom Kontext des ursprünglichen Musters ab und von der Absicht, die hinter seiner Verwendung steckt.

Leinen und Baumwolle, England, spätes 17. Jh.
In Stickwolle mit fantastischen Kreaturen und Pflanzen bestickter Bettumhang. Auf diesen Umhängen geben sich Bäume, die auf bemalte indische Textilien zurückgehen, und eine Reihe von teils heraldisch anmutenden Tieren aus traditionellen englischen Quellen ein Stelldichein.

Leinen, Detail, Griechenland, 18. Jh.
Das eine Ende dieses Kissenbezugs aus Skyros ziert ein fantastischer vielfarbiger Hahn bzw. eine Henne. Der Hahn gilt weltweit als Sonnensymbol, wenngleich er in der griechischen Legende das spezifische Attribut von Apollon ist, der das Licht bringt.

Satin, China, 18.–19. Jh.
Dargestellt auf dieser seidenbestickten Mandarin-Insignie (dem Abzeichen für einen Richter) ist das *Hsieh-Chai*, das uralte übernatürliche Tier der Chinesen. In Gestalt einer Ziege, doch mit nur einem Horn, besitzt es die Gabe, Schuldige zu entdecken.

Wolle und Seide, Detail, England, 1887
William Morris zählte zu den Designern, die für diesen Wandbehang mit Baumwollkette verantwortlich zeichneten. Vom Menschen unbehelligt, sitzen Säugetiere und Vögel in einem Wald. Hier ein Pfau vor Akanthusblattvoluten.

Seide, Detail, Japan, spätes 19. Jh.
Ausschnitt aus einem in Seide und Metallfaden bestickten Kimono mit einem von einfachen, volutenartigen Wolken umgebenen Drachen. Sowohl das Motiv als auch seine Umsetzung sind typisch japanisch. Bei den meisten japanischen Drachen handelt es sich um Wassergottheiten, worauf die Wolken hindeuten.

103

Einleitung

Der Begriff „stilisiert" bezieht sich auf eine Reihe von künstlerischen Formen und Konventionen, derer sich Mustergestalter bedienen, um ganz bestimmte, anerkannte Effekte zu erreichen. Diese Effekte sind weder natürlich noch spontan, sondern repräsentieren eine stilisierte Vorstellung von einem Abbild oder sind Adaptionen einer Form. Sie sind insbesondere für die Mustergestaltung bei Textilien von Bedeutung, da sie oft eine Planung mit formalen oder regelmäßigen Rapporten erlauben. Beispiele für Stilisierungen findet man unendlich viele, doch einige besonders wichtige Formen wie Arabesken, Voluten, Karniese, Medaillons und *botehs* (Paisleys) sind weltweit beliebt. Die in diesem Kapitel vorgestellten stilisierten Muster demonstrieren die Bandbreite an Möglichkeiten.

Baumwolle, Indien, um 1510
Mit Modeln bedruckte Zeremonialtextilie aus Gujarat mit *hamsa*- oder stilisiertem Gänsemuster. Ursprünglich stand die Gans für Stärke und Manneskraft. Später gewann das *hamsa*-Muster noch weitere symbolische Attribute hinzu, darunter Reinheit, Unvoreingenommenheit, göttliches Wissen, kosmischer Odem *(prana)* und höchste spirituelle Erfüllung.

Samt, Osmanisches Reich, 16. Jh.
Hier dominiert mit dem Motiv der stilisierten, fächerartigen Nelke eines der typischen osmanischen Textilmuster. Diese außergewöhnlich luxuriöse Version, in der auch Metallfäden verarbeitet wurden, stammt von einem seidenen Dekostoff.

Seide, Italien, 17. Jh.
Dieses luxuriöse Beispiel für Stilisierung auf einem Dekorationsstoff beeindruckt durch seine hochgradig geordnete Kombination aus Blumen- und Tiermotiven innerhalb eines regelmäßigen Gefüges aus Voluten. Entlang des Hauptteils der Voluten sind die Tiere nach innen gewandt und wo sie sich öffnen, nach außen.

Seide, England, 1850–1870
Ein Dessin aus stilisierten Arabesken, das auf der kunstvollen Verflechtung fließender Linien beruht, bedeckt diesen gewebten Einrichtungsstoff. Die Arabeske, deren Ursprung in der Antike liegt, erlebte in der Renaissance eine Wiederbelebung. Sie wurde auch durch die Mustergestaltung des Nahen Ostens beeinflusst, vor allem durch die Karniesform.

Seide und Wolle, England, 1870
Einer der frühesten kommerziellen Entwürfe von Christopher Dresser. Dieser Vorhang in Jacquardweberei führt vor Augen, wie frühere Formen ein späteres Werk beeinflussen können. Die traditionelle geometrische Struktur von A. W. N. Pugin umschließt die stilisierten floralen Muster, die sich von östlichen Vorbildern herleiten.

Das Karnies

16. bis 20. Jahrhundert

Das Karnies ist eine Form, die durch zwei fortlaufende, sich spiegelbildlich gegenüberliegende konkav-konvexe Kurven gebildet wird. Es beruht auf der S-Form und wird häufig mit dekorativen Baugliedern in Verbindung gebracht, da es als Form für Architekturelemente wie Fenster und Bögen aus dem Nahen Osten nach Europa gelangte. Schon bald wurde das Karnies auch für Textilien übernommen, für deren Muster man es horizontal auseinanderziehen konnte oder vertikal zu einer an gläsernen Weihnachtsschmuck erinnernden Form. Karniese kommen häufig als Ausgangsform für naturalistische oder abstrakte Muster vor.

Seide, Osmanisches Reich, 16. Jh.
Dem Design dieses Brokatgewebes liegen gegeneinander versetzte Reihen von spitzovalen Medaillons zugrunde, in deren Mitte sich jeweils eine goldene Tulpe befindet. Die Abstände zwischen den Medaillons werden jeweils von zwei ineinander verschlungenen Ranken ausgefüllt, von denen die eine Granatäpfel trägt, die andere Tulpenblüten.

Samt, Osmanisches Reich, 16. Jh.
Bei diesem seidenen, mit Metallfaden verzierten osmanischen Dekostoff handelt es sich um eine direkte Kopie eines Entwurfs aus Italien. Das spitzbogige Gittermotiv mit seinem regelmäßigen, symmetrischen Mustersystem ist typisch für italienische Arbeiten jener Zeit.

Seide und Baumwolle, Osmanisches Reich, 16.–17. Jh.
Handgewebter Kaftan mit floralen Motiven, entlang einer einfachen karniesförmigen Kontur zum Teil in silbervergoldetem Faden ausgeführt. Solche Kleidungsstücke wurden in kaiserlichen Grabmälern aufbewahrt, wo man sie über die Stätte der Verstorbenen breitete.

Samt, Osmanisches Reich, 17. Jh.
Regelmäßiges, wenn auch dezent variiertes Muster in Altgold auf tiefrotem, seidenem Grund, das aus großen floralen, mit acht Ausbuchtungen versehenen Motiven sowie Verzierungen aus Blüten und Blättern besteht. Das Dessin zeigt gegeneinander versetzte Reihen von Medaillons, die von blühenden Ranken gerahmt sind.

Baumwolle und Viskose, England, 1925
„Whitchurch" heißt dieser Stoff, bei dem eingewebte Metallic- und leuchtende Viskosegarne für lebhafte Glanzpunkte im Muster sorgen. Die Karniesform verrät, wie viel die Gestaltung italienischen Renaissancemustern zu verdanken hat.

Formale Muster

19. Jahrhundert

Die formale Geometrie bildet die Grundlage vieler textiler Muster, ob bedingt durch die Konstruktionsweise des Stoffs (wie bei einem eingewebten Streifen) oder einen aufgebrachten Dekor (wie bei einem geometrischen Druck). Die folgende Auswahl präsentiert Karniese, Kreise und Rauten, die so verändert wurden, dass sich aus ihnen regelmäßige Rapportmuster entwickeln ließen. In der Verwendung derartiger Formen manifestiert sich ein Interesse an mittelalterlichen Zirkelmustern, wie sie Designer des mittleren bis späten 19. Jh. beeinflussten.

Baumwolle, England, um 1845–1851

Eine solche Gestaltung findet man selten bei für Vorhänge oder Rollos gedachten Chintzen mit Modeldruck wie diesem Exemplar von A. W. N. Pugin. Das gotische Arabeskenmuster, das am 28. Mai 1850 beim britischen Staatsarchiv unter der Nummer 69572 registriert wurde, bezeugt das Interesse des Gestalters an mittelalterlichen Mustern.

Seide, England, um 1874
Dieses Dessin mit der Bezeichnung „Syringa" (Falscher Jasmin) zeigt vage Anklänge an zwei verschiedene Quellen: mittelalterliche Dekore und japanische Designs. Sein Schöpfer war E. W. Godwin, ein Pionier des in den 1870ern modernen anglojapanischen Stils.

Seide, England, um 1874–1876
Das Muster dieses Jacquardgewebes, ebenfalls eine Arbeit von E. W. Godwin, liefert ein typisches Beispiel für den im späten 19. Jh. modernen anglojapanischen Stil. Die Magnolienblüte, das zentrale Motiv, symbolisiert die Liebe zur Natur und ist direkt aus einem japanischen Wappen übernommen.

Samt, England, 1884
Von William Morris entworfener gewebter, broschierter Seidensamt „Granada". Das Muster ist auf zwei Arten von Stängeln aufgebaut, die einander überlappende Karniese formen. Die Kreuzungspunkte der Stängel zieren Granatäpfel, das klassische Fruchtbarkeitssymbol und ein Lieblingsmotiv von Arts-and-Crafts-Gestaltern des späten 19. Jh.

Baumwolle, England, 1888
Als Quelle für das Dessin dieses im Modeldruck bemusterten Entwurfs von Lewis Foreman Day lassen sich Fliesen aus den Töpfereien im türkischen Iznik ausmachen, die in den 1880er-Jahren für Inneneinrichtungen heiß begehrt waren.

Kleine Rapportmuster

18. bis 20. Jahrhundert

Obwohl Rapportmuster das Lebenselixier vieler textiler Muster sind, eignen sich bestimmte Gruppen von stilisierten Motiven besser als andere für kleine bzw. große Rapporte. Die nachfolgend vorgestellten kleinen Rapportmuster stehen beispielhaft für zarte, unaufdringliche Entwürfe, die einen guten Hintergrund für andere Einrichtungsgegenstände abgeben. Kleine Rapportmuster, die oft über den ganzen Stoff verteilte Einzelmotive beinhalten, können strukturiert oder scheinbar willkürlich sein. Typisch für kleine Rapportmuster sind stilisierte florale Motive, Laubwerk und geometrische Formen.

Baumwolle, Indien, 1772
Systematisch angeordnete, versetzte Reihen floraler Motive, deren Ursprünge in höfischen Mogulmustern des 17. Jh. liegen, sind auch heute noch beliebt. Häufig werden solche „flachen" Dessins realistischen Mustern vorgezogen. Dieses gefärbte und mit Modeln bedruckte Exemplar stammt aus Rajasthan.

Seide, England, um 1776–1778
Für Damengewänder war dieser hübsche broschierte Satin gedacht. Die Technik des Broschierens ermöglichte es, verschiedene Farben in ein Stoffmuster einzufügen, oft in sehr kleinen Bereichen. Die Methode ist zwar arbeitsintensiv, ermöglicht aber kunstvolle Muster.

Baumwolle, Großbritannien, 1934

Scheinbar willkürlich verteilte Motive auf einfarbigem Grund erfreuten sich in den 1930er-Jahren besonderer Beliebtheit. Diesen Krepp schmückt ein gedrucktes Rapportmuster aus Blättern in aufeinander abgestimmten Rot- und Rosatönen auf dunkelblauem Fond.

Satin, Großbritannien, 1947

Entworfen von Lucienne Day, ist dem Dessin dieses Dekostoffs die Begeisterung der Designerin für einfache Formen anzusehen. Sie brachte jedoch auch ein thematisches Element ins Spiel, indem sie in die Mitte der Kreise mit gewellten Rändern, die das einfache Muster mit Rapportversatz bilden, kleine Abbildungen von Ikonen der griechischen Antike platzierte.

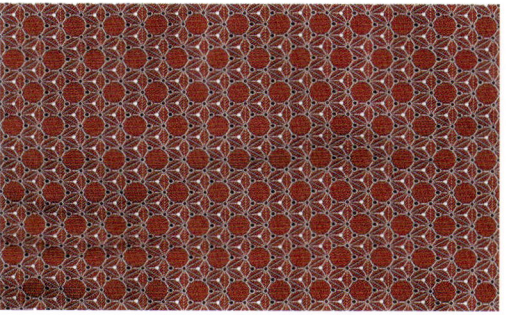

Seide, Detail, England, 1951

Ausgehend von Motiven, die auf der Kristallstruktur verschiedener Substanzen beruhten, entwickelte die British Festival Pattern Group textile Muster. Der abgebildete Stoff namens „China Clay" (Kaolin) illustriert die symmetrische Anordnung eines einzelnen Kristalls, die es für eine Umsetzung in ein kleines Rapportmuster prädestiniert.

Große Rapportmuster

17. bis 20. Jahrhundert

Große, regelmäßige Rapportmuster gehören zu den klassischen Varianten für Textilien. Sie treten in den vielfältigsten Formen und Größen auf, gehen aber im Allgemeinen auf ein Raster zurück, das beispielsweise eine Dreiecks-, Fünfecks- oder Quadrateinteilung aufweist. Innerhalb großer Rapporte findet man auch häufig Bereiche mit horizontal oder vertikal gespiegelten Motiven. Egal, ob die Designs naturalistisch oder geometrisch sind, „Inselmuster" verwenden oder zentrale Motive mit gewundenen Elementen präsentieren: Das entscheidende Merkmal ist stets ihre Größe. Große Rapportmuster empfehlen sich insbesondere für Textilien wie Behänge oder Vorhänge, wo sie aufgrund einer lang herabfallenden Stoffbahn optimal zur Geltung kommen.

Samt, England, frühes 17. Jh.

Exquisit besticktes Kanzelantependium mit einer großen, kunstvollen Gestaltung aus gespiegelten Motiven. Das Muster mit seiner von Blätterranken umgebenen geflügelten Figur, die einem Engel gleicht, geht möglicherweise auf Arabesken aus der Renaissance zurück, die vorzugsweise symmetrisch verschlungenes Laubwerk mit punktuell hineingesetzten Standardmotiven zeigten.

Stoffentwurf, England, 1897
Dieses Stoffmuster des Architekten und Gestalters A.W.N. Pugin demonstriert die Prinzipien, die er der neuen viktorianischen Ästhetik zugrunde legte, die stilisierte Entwürfe über naturalistische stellte. Das Fünfeck könnte für eine stilisierte Mitra stehen – Pugin führte einen beträchtlichen Anteil seiner Arbeiten im Auftrag der katholischen Kirche aus.

Seide, England, spätes 19. Jh.
1856 veröffentlichte Owen Jones seine *Grammatik der Ornamente,* in der er Muster und Farben aus vielen Perioden und verschiedenen Kulturen analysierte. Jones hielt die naturalistische Abbildung von Blumen für geschmacklos. Er bevorzugte stilisierte Motive, wie dieses Beispiel lockerer „Rauten" zeigt.

Wolle und Baumwolle, Schottland, spätes 19. Jh.
Jacquardgewebe „Omar", möglicherweise benannt nach dem *Rubáiyát of Omar Khayyám.* Mit seinem von dem Architekten Charles Harrison Townsend gestalteten spitzbogigen Rapportmuster aus Tulpen und Blättern erinnert es an türkische Samte des 16. und 17. Jh.

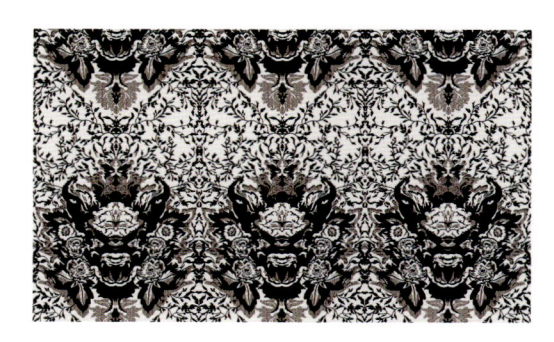

Spitzenentwurf, Schottland, 2008
Von Timorous Beasties stammt dieser Entwurf mit der passenden Bezeichnung „Devil Damask" (Teufelsdamast), dessen Ursprünge in den Damasten der Renaissance liegen. Das um eine Mittelachse gespiegelte Muster erinnert auch an Hermann Rohrschachs 1921 entwickelten, nach ihm benannten Test, der zur psychologischen Beurteilung herangezogen wird.

Boteh-Muster

19. Jahrhundert

Um die Ursprünge des östlichen *bothe*- oder Kiefernmotivs, das dem Paisleymuster zugrunde liegt, ranken sich viele Spekulationen. *Boteh* ist das persische Wort für „blühender Strauch". Wahrscheinlich entstand das Muster im alten Babylon, wo ein wachsender Dattelpalmschössling mittels einer Tränenform dargestellt wurde. Infolge ihrer zahlreichen Vorzüge betrachtete man die Palme als „Lebensbaum", ihr sprießender Schoß diente auch als Fruchtbarkeitssymbol. Die Popularität der echten Kaschmirschals mit *boteh*-Motiven leistete europäischen Kopien Vorschub (siehe Seiten 116/117).

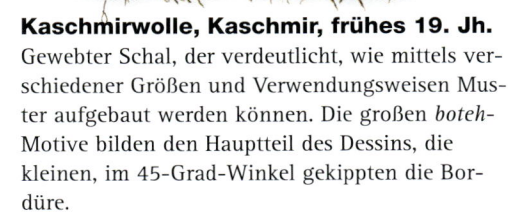

Kaschmirwolle, Kaschmir, frühes 19. Jh.
Gewebter Schal, der verdeutlicht, wie mittels verschiedener Größen und Verwendungsweisen Muster aufgebaut werden können. Die großen *boteh*-Motive bilden den Hauptteil des Dessins, die kleinen, im 45-Grad-Winkel gekippten die Bordüre.

Kaschmirwolle, Detail, Kaschmir, Mitte des 19. Jh.
Wie bei dem Beispiel links, bediente man sich auch hier zur Definition des Musters verschiedener Größen. Die großen Motive sind dem Hauptteil des Musters vorbehalten, die kleinen im 90-Grad-Winkel gekippt und zu einer ausgesprochen attraktiven Bordüre angeordnet.

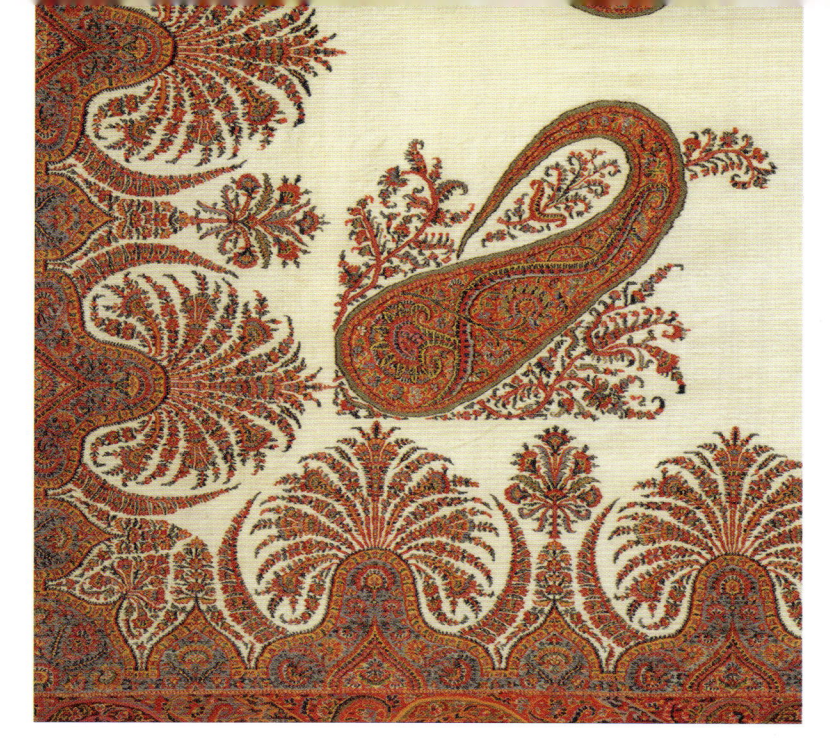

Wolle, Detail, Kaschmir, 19. Jh.
Ecke eines gewebten Schals mit Palmettenbordüre (stilisierte Palmwedel) und einem großen paisleyartigen Motiv mit verlängerter, herabhängender Spitze. Es gibt zahlreiche Möglichkeiten zur Darstellung der Birnenform oder *boteh*, die sich nur geringfügig voneinander unterscheiden.

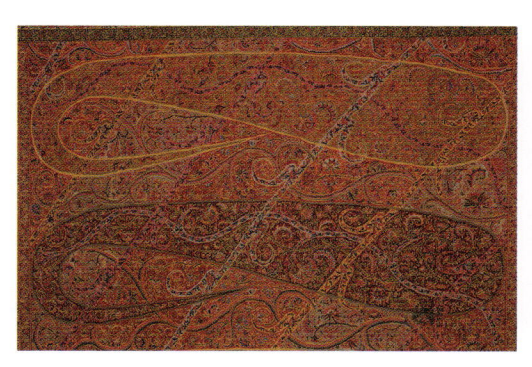

Pashmina, Detail, Kaschmir, 19. Jh.
Die feinsten Schals zeichnen sich durch eingewebte Muster aus. Bei ab den 1830er-Jahren gefertigten Exemplaren wurden diese Muster häufig mittels Stickerei kopiert, um Zeit und Mühe zu sparen. Die Motive bei diesem Beispiel sind stark in die Länge gezogen, aber trotzdem deutlich als *boteh* erkennbar.

Kaschmirwolle, Kaschmir, spätes 19. Jh.
Nicht die gesamte Kaschmirwolle wurde zu Schals verarbeitet. Diesen gewebten Kleiderstoff bedeckt ein sehr lebhaftes Füllmuster, das den Hintergrund für die großen Birnenformen abgibt, die ihrerseits aus zwei unterschiedlichen, die traditionelle Tränenform betonenden Konturen bestehen.

Paisleymuster

16. bis 19. Jahrhundert

Die heute weltweit als „Paisley" bekannten Muster beruhen auf den Motiven gewebter Schals, die ursprünglich aus Indien importiert wurden (siehe Seiten 114/115). Typisch für Paisleymuster sind prächtige krummlinige, hochgradig stilisierte Blumenformen zusammen mit einem speziellen Motiv, an dem man sie auf den ersten Blick erkennt. Das am engsten mit Paisley assoziierte Motiv ist die kommaförmige Birne *(boteh)* oder Niere. In der ersten Hälfte des 17. Jh. in Europa eingeführt, erfreuten sich Paisley- und andere indische Muster enormer Beliebtheit. Im 19. Jh. erlangte jedoch die europäische Produktion solcher Muster Bedeutung, insbesondere in der schottischen Stadt Paisley, die schließlich *boteh*-Motiven und verwandten Dessins ihren Namen gab.

Seide, Osmanisches Reich, spätes 16./frühes 17. Jh.
Seidener Kissenbezug mit *atma*-Stickerei (Kombinationsstich) und Anlegearbeit in Metallfaden (Konturen). Den blauen Grund zieren gegeneinander versetzte, unten mit einer kleinen „Wurzel" und oben mit zwei Blättern versehene Medaillons, die in ihrer Form stark an *botehs* erinnern.

Stoffentwurf, England, 19. Jh.
Dieses Muster mit seiner kunstvollen, vollständig mit kleinen dekorativen Motiven ausgefüllten *boteh*-Form gestaltete der Künstler und Illustrator George Charles Haité. Die Erfindung des Jacquardwebstuhls ermöglichte es den Europäern, Webarbeiten herzustellen, die sich in ihrer Qualität allmählich den Originalen aus Kaschmir annäherten.

Stoffentwurf, England, 19. Jh.
Auch dieses Rapportmuster, in seiner Gesamtheit ein Beleg für die potenzielle Flexibilität und Anpassungsfähigkeit der Paisleygrundform, stammt von George Charles Haité. Es weist ein stark stilisiertes Paisleymotiv mit gezacktem Rand auf, das von ineinander verschlungenen Blumen umgeben und von anderen Motiven getrennt ist.

Seidenfragment, England, um 1850–1880
Ein kleines Stück eines Kleiderstoffs in Jacquardwebart mit der Kontur eines abstrahierten Paisleymusters auf rotem Fond. Dieses recht sparsame und ungewöhnliche Dessin zeigt, wie sich ein Designer das Wesentliche einer Form herausgreifen und es zu einer neuartigen, unverwechselbaren Kreation abstrahieren kann.

Baumwolle, Indien, 1880er-Jahre
Detail eines Drucks mit einem konventionellen, regelmäßigen *boteh*-Rapport, gestaltet mittels einer Kombination aus Modeldruck und Handmalerei mit einer *kalam* (persisch für „Feder"). Nach diesem Gerät bezeichnet man solche südindischen Textilien als *kalamkari* (Federarbeiten).

Medaillons und Rosetten

Von der Antike bis zur Moderne

Unter einem Medaillon versteht man eine runde bzw. ovale Form, die ein Muster umschließt, unter einer Rosette ein rundes, stilisiertes Blütendesign. Von beiden Motiven wird in der Mustergestaltung ausführlich Gebrauch gemacht. Bereits im 4. und 5. Jh. v. Chr. bei ägyptischen Mustern gang und gäbe, haben sie seither nichts an Beliebtheit eingebüßt. Sie eignen sich ebenso gut als trennende Elemente wie zur Rahmung von Vignetten oder für kleine, in sich geschlossene Entwürfe. In Mustern quer durch Kulturen und Zeiten anzutreffen, sind sie Bestandteil zahlreicher alter Traditionen.

Seide, Persien, 600–1000
Auf diesem Gewebe befinden sich oberhalb von paarweise angeordneten Füchsen und Jagdhunden Medaillons, die jeweils zwei Löwen zeigen und die Verwendung als Rahmen veranschaulichen. Die persische Vorliebe für paarweise arrangierte oder einander zugewandte Geschöpfe reflektiert ein Interesse an Symmetrie und Geometrie.

Seide, Persien, 8.–9. Jh.
Ein *senmurv* in einem Medaillon mit Perlrand schmückt dieses Köpergewebe. Bei einem *senmurv* oder *simurgh* handelt es sich um ein Tier aus der persischen Mythologie, das über ähnliche Eigenschaften verfügt wie ein Greif und oft als Zwitterwesen aus Vogel und Hund oder Vogel und Löwe dargestellt wird.

Seide, Osmanisches Reich, 1550–1600
Seraser ist die türkische Bezeichnung für Gewebe wie diese osmanische Arbeit, bei denen es sich um kostbare Stoffe aus Gold- oder Silberfaden handelt. Hier prangen auffällige, in Rot und Grün gehaltene und in Reihen angeordnete Medaillons auf silbernem Grund.

Seide, Italien, 1270–1399
Mit Goldfaden verziert, präsentiert diese gewebte Stofffläche Medaillons mit Abbildungen von Greifpaaren. Der Greif, eine beeindruckende mythologische Kreatur mit dem Körper eines Löwen und dem Kopf und Flügeln eines Adlers, bietet Designern ein kraftvolles Motiv.

Seide, Osmanisches Reich, 17. Jh.
Manche osmanischen Textilien weisen Dekore aus in sich geschlossenen, medaillonförmigen Elementen auf, die damals gern mit zarten Gittermustern kombiniert wurden. Bei diesem Kissenbezug verwarf der Gestalter das Gittermuster und ließ nur die Medaillons übrig.

Medaillons und Rosetten

Baumwolle, Detail, Japan, 19. Jh.
Medaillons kommen groß heraus auf diesem baumwollenen Futonbezug *(futon-ji)* mit in Stärkereservierung aufgebrachtem Muster. Das abgebildete Medaillon zeigt einen kunstvollen, gekrümmten Fisch. Das ganze Stück strotzt jedoch vor verschiedensten Kreisen und Medaillons, die eine Vielfalt an stilisierten Pflanzen oder Vögeln enthalten oder einfach nur als schlichte geometrische Ornamente fungieren.

Seide und Papier, Detail, Japan, 19. Jh.
Ein wunderbar frisch anmutendes broschiertes Altartuch mit goldumwickelten Papierdetails und zusätzlich aufgebrachtem Muster. Der blasse Hintergrund hat ein geometrisches Gittermuster, die vertikalen Bambusstreifen sind von Medaillons und stilisierten Blättern überlagert.

Seide, Detail, Japan, Mitte des 19. Jh.
Diesen Satinkimono mit seinen floralen Medaillons in Seidenstickerei hätte eine Frau aus der Klasse der Samurai getragen. In Japan symbolisiert die rosa Azalee Hingabe an die Familie, da ihre Blüten dicht am Haupttrieb sitzen.

Spitze, Detail, Flandern, um 1800
Ecke eines mit Klöppelspitze besetzten Schals mit miteinander verbundenen Medaillons, die ein als *guilloche* bekanntes Muster ergeben. Das Dessin stammt aus der klassischen Architektur und besteht aus zwei oder mehr Bändern, die so miteinander verschlungen sind, dass sie eine fortlaufende Reihe aus miteinander verbundenen Kreisen bilden.

Spitze, Detail, England, um 1862
Blumen zieren die Mitte dieses Medaillons, Teil eines fein gearbeiteten Volants aus Honitonspitze. Der zarte gazeähnliche Untergrund steht im Kontrast zu den offeneren Partien außerhalb des Medaillons. In den 1860er-Jahren waren natürliche Formen für Honitonspitze beliebt.

Orientteppiche

16. bis 17. Jahrhundert

Mit ihren unendlich einfallsreichen stilisierten Mustern inspirieren Orientteppiche westliche Designer, seit sie im 15. Jh. in großem Stil nach Europa importiert wurden. Die Muster können in der Symbolik, in der Geometrie oder in beidem wurzeln. Bei Orientteppichen findet man zahlreiche verschiedene Motive, am häufigsten jedoch den Lebensbaum, Granatäpfel, Kamele, Hunde, Pfauen, Tauben und Hähne. Die Farbe dient auch als Ausdrucksmittel für verschiedene Zustände – so steht Braun für Fruchtbarkeit, Rot für Glück.

Teppich, Persien, 16. Jh.
Der berühmte „Chelsea"-Teppich verdankt seinen Namen der Tatsache, dass er bei einem Händler in Chelsea gekauft wurde. Sein Hauptfeld besteht aus zwei großen Kompositionen mit großen und kleinen Medaillons, zu denen das zentrale Motiv zweier Blumenvasen zu beiden Seiten eines Teichs ein Gegengewicht darstellt. Das Hauptfeld und die Bordüre mit ihrem dichten Dekor werden von einer Fülle verschiedener Tiere bevölkert.

Teppich, Fragment, Persien, 16. Jh.
Von Hand eingeknüpfter wollener Pol auf seidener Kette sowie wollenem und seidenem Schuss. Obwohl die Paare kämpfender Tiere kaum größer sind als einige der Blumen, verfügen sie über lebhafte Details und lohnen eine genaue Betrachtung.

Teppich, Osmanisches Reich, 16.–17. Jh.
Stücke mit diesem markanten gelb-roten Muster werden oftmals als „Lottoteppiche" bezeichnet, da sie der im 16. Jh. lebende italienische Maler Lorenzo Lotto in seinen Gemälden darstellte. Die Dessins wurden nach vorbereiteten Entwürfen gearbeitet, sodass man nur bestimmte Teile des Designs auszuwählen brauchte, um die Teppichproportionen zu verändern.

Teppich, Detail, Persien, frühes 17. Jh.
Die Broschierungen mit Metallfäden, die diesem handgeknüpften Teppich aus Seide und Wolle zu einer besonders edlen Anmutung verhelfen, unterstreichen den kunstvoll verschlungenen Charakter des Dessins, das Anklänge an den Dekor islamischer Architektur und Kalligrafie erkennen lässt.

Teppich, Persien, 17. Jh.
In Persien während der Dynastie der Safawiden gefertigt, vereint dieser Teppich Motive, die auf verschiedene Art auf einem Gittermuster angeordnet sind. Sie spiegeln den Stil wider, der sich später weiterentwickeln sollte und für den symmetrische, mit Fantasieblüten besetzte Volutenmuster charakteristisch waren. Der Teppich gehörte einst William Morris.

Kimonos

19. bis 20. Jahrhundert

Der Kimono ist ein traditionelles japanisches Kleidungsstück. Einfach und gerade geschnitten trägt man ihn mit dem linken über das rechte Vorderteil geschlagen und hält ihn mit einer *obi* genannten Schärpe zusammen. Ist der Kimono zu lang, zieht man den überschüssigen Stoff unter den *obi*, doch kann das Kleidungsstück auch auf andere Weise an die Bedürfnisse des Trägers angepasst werden. Das Oberflächenmuster bei Kimonos hat eine Bedeutung, denn es gibt Aufschluss über persönliche Identität, Status und kulturelles Bewusstsein. Diese drei Faktoren spielen in der extrem hierarchischen japanischen Gesellschaftsstruktur eine zentrale Rolle.

Seide, Detail, Japan, 1870–1890
Das stilisierte Design, das das Hintergrundmuster dieses Stoffs überlagert, wurde mittels eines Stärkereservierungsverfahrens *(yuzen)* und einer Stickerei mit Metallfaden kreiert. Es heißt „Rippling Water, Bamboo and Birds" (Sich kräuselndes Wasser, Bambus und Vögel) – alles typisch japanische Motive, die mit der Natur und den vier Jahreszeiten verbunden werden.

Seide, Japan, 19. Jh.
Dieses eindrucksvolle Dessin mit Kranichen, Kiefern, Wolken und Chrysanthemen entstand mithilfe von Schablonen und leuchtenden mineralischen Pigmenten in *bingata*-Technik. Solche Roben waren Mitgliedern der königlichen Familie der Ryūkyū-Inseln (Okinawa) vorbehalten.

Seide, Detail, Japan, spätes 19. Jh.
Üppiges, gesticktes Allover-Muster mit Glück verheißenden Motiven wie Kiefer, Bambus, Pflaume, Pfingstrose, Chrysantheme, Kranich und Schildkröte auf einem Untergrund aus Seidenkrepp. Als Reaktion auf die wachsende Beliebtheit japanischer Objekte wurde diese Art Kimono im späten 19. Jh. in großer Zahl in den Westen exportiert.

Seide, Detail, Japan, 1912–1915
Bambus, der in Japan zusammen mit Kiefer und Pflaume als Glücksbringer gilt, ist das Hauptelement dieses Entwurfs. Wegen seiner Höhe – er reckt sich zum Himmel – und seines geraden Wuchses symbolisiert er auch den Charakter der buddhistischen und taoistischen Meditation.

Seide, Detail, Japan, um 1970
Entworfen für eine junge Frau, begeistert diese Ton in Ton gemusterte Seide mit zusätzlich aufgedrucktem Dekor durch ein lebhaftes psychedelisches Design. Es besteht aus traditionellen, durch einen mäandernden Fluss verbundenen Motiven wie geöffneten Fächern, Blüten, Bändern und Blättern. Aufgrund seiner brillanten Farben wirkt das Muster hochmodern.

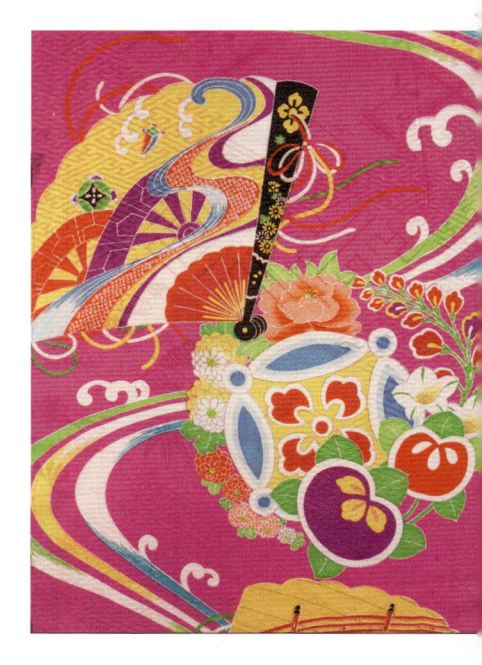

125

Einleitung

Die Verwendung von geometrischen Formen für Rapportmuster liegt ausgesprochen nahe. Jede geometrische Form kann entweder so verändert werden, dass sie für sich genommen ein interessantes Rapportmuster ergibt, oder im Verein mit anderen Mustertypen zu einer anderen Art von ineinandergreifendem (tesselierendem) Muster kombiniert wird. Ob geometrische Formen symbolische Bedeutung tragen, als unterliegende Struktur für andere Muster dienen oder als künstlerische Darstellung daherkommen –, der Schlüssel zu einem harmonischen Dessin liegt immer in der Art ihrer Zusammenstellung. Egal, welchen Zweck sie erfüllen, geometrische Formen treffen anscheinend stets den Kern der Mustergestaltung.

Seide, Spanien, 14. Jh.
Jede Mustereinheit dieses islamisch inspirierten, gewebten Dessins enthält einen achtzackigen Stern, einen Vierpass und zwei Medaillons. Diese Elemente stellen sich jeweils als geschlossene Abschnitte dar, die mit diversen kleinen Motiven ausgefüllt sind, von miteinander verschlungenen grünen oder blauen Mustern bis hin zu winzigen Knoten und Fleur-de-Lys.

Teppich, Persien, 19. Jh.
In Kamelhaar auf baumwollener Kette und wollenem Schuss geknüpft, zeigt dieses Stück ein typisch persisches Motiv. Die meisten Kaschanteppiche zeichnen sich durch eine Gestaltung mit Mittelmedaillon und Spandrille (Bogenzwickel) oder mit Eckmustern aus. Bei Letzteren spricht man in Anspielung auf die geprägten ledernen Koraneinbände auch von Buchumschlag- oder Koranmustern.

Baumwolle, Detail, England, um 1804–1810
Vorhang in einer von der Antike beeinflussten Farbgebung, wie von Pompeji bekannt. Das Hauptfeld mit seinen kleinen, sich wiederholenden Motiven ist von einer Bordüre mit geraden Linien umgeben. Sie besteht aus mehreren Reihen, darunter eine aus Kreisen und eine aus einem Zinnenmuster, in dessen Zinnen und Zwischenräumen unterschiedliche Motive sitzen.

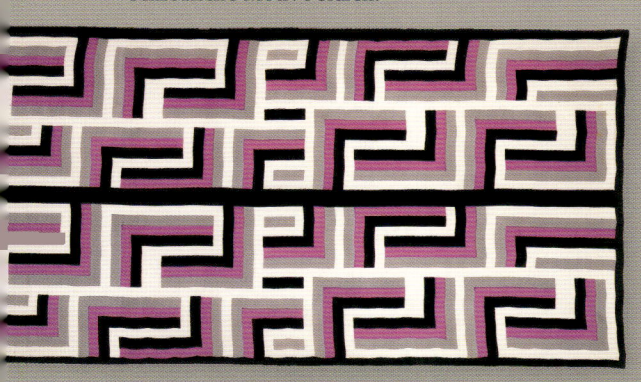

Seide, wahrscheinlich Frankreich, um 1925
Bedruckter Schal mit einem Rapportmuster aus ineinandergreifenden, aus drei Linien bestehenden L-Formen. Eine markante schwarze Linie teilt das Muster in zwei Hälften. Der prägnante Entwurf mit seinen scharfen Winkeln ist charakteristisch für den Art déco.

Baumwolle, England, 1962
Der im Siebdruckverfahren dessinierte Dekostoff „Reciprocation" (Erwiderung) wurde von Barbara Brown für Heal Fabrics gestaltet und ist für die gemeinsame Verwendung mit einem zweiten Stoff konzipiert. Etwas kleiner gemustert als sein Pendant, beschränkt er sich mit seinen alternierenden Quadraten und Kreisen auf die einfachsten geometrischen Motive.

Zickzacklinien

17. bis 20. Jahrhundert

Zickzackmuster bestehen aus Linien, die in unterschiedlichen, innerhalb des Musters konstanten Winkeln angelegt sind. Sie sind sowohl spitz als auch regelmäßig. Das „Zick" bezieht sich auf die nach links weisende Linie, das „Zack" auf die nach rechts zeigende. Symmetrische Zickzackdessins erhält man beispielsweise, indem man das Segment einer Zickzacklinie so lange immer wieder spiegelt, wie es der Rapport erfordert. Man kann auch V-förmige Chevrons zu einem Zickzackmuster aneinandersetzen. Eine symbolische Bedeutung findet sich bei diesen sehr einfachen Rapportmustern höchstens in den seltenen Fällen, wo die Zickzacklinie zur Darstellung von Blitzen dient.

Bestickter Canvas, Italien, um 1650–1699

Ein unregelmäßiges Zickzackmuster mit in sich gestreiften, in dunklen Grün-, Braun- und Gelbtönen gehaltenen Zickzacklinien bedeckt den Grundstoff. Das Dessin ist in dichtem Flammstich in Seide und Wolle gearbeitet. Dieses Beispiel verdeutlicht eindrucksvoll, wie man ein Zickzackmuster im Sinne einer weniger strengen Optik verformen kann.

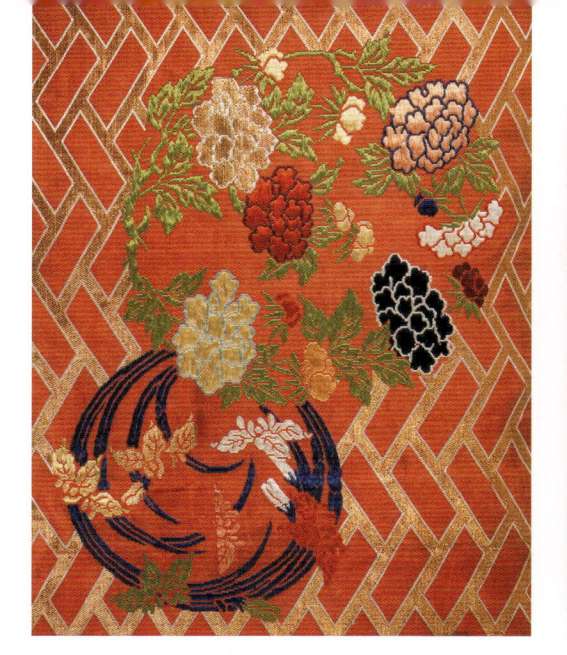

Seide, Detail, Japan, 1750–1850
Einen Eindruck von der Schönheit der Kostüme des *Nō*-Theaters vermittelt diese Brokatrobe mit ihren Chrysanthemen in naturgetreuer Farbgebung und einem stilisierten Kreis auf einem Gittermuster als Grund. Letzteres ist eine Version eines Zickzackmusters.

Wolle, Zentralasien (Belutschistan), 19. Jh.
Spindeltasche oder *ok-bash* mit einem Dekor aus einem Feld aus Zickzackstreifen, das oben und unten von einer Bordüre aus drei Streifen begrenzt wird: einem mittleren mit miteinander verbundenen floralen Motiven und zwei seitlichen mit ineinandergreifenden Y-Formen.

Baumwolle, Pakistan, Mitte des 19. Jh.
Wunderschön und sorgfältig in Seide bestickter Teil eines *pushk* oder Frauenkleids. Die sich regelmäßig wiederholenden, durch kleinere Stiche hervorgehobenen Chevrons dominieren das Design, die kleinen Kegel und Kreuze fungieren als Rand- und Füllmuster.

Zickzacklinien

Samt, Fragment, Japan, spätes 19. Jh.
Für diesen in ein Album montierten Stoff wurden selektiv vorgefärbte *kasuri*-Garne zu einem Kettikatgewebe verarbeitet. Das Zickzackmuster wird von Streifengruppen überlagert, wodurch ein Chevroneffekt entsteht.

Baumwolle, Detail, Indien, 19. Jh.
Dieses leuchtende Turbantuch stammt aus Rajasthan, einer Gegend, die für die brillanten Farben ihrer Frauenkleidung berühmt ist. Das lebhafte, in einer Abbindetechnik dessinierte schwarz-weiß-gelbe Zickzackmuster wird diesem Ruf gerecht.

Leinen, England, 1922
Gregory Brown entwarf diesen bedruckten Dekorationsstoff mit seinem klassischen, von Zickzacklinien überlagerten, geometrischen Art-déco-Chevronmuster. Zickzacklinien waren in den 1920er-Jahren modern und in Architektur und Design weitverbreitet.

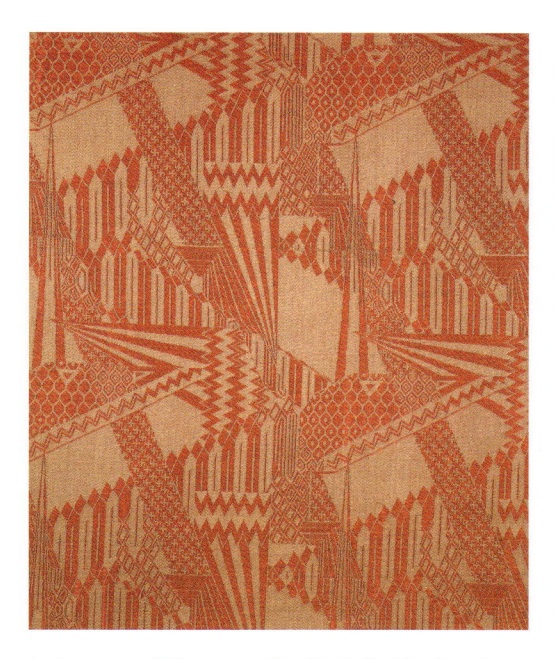

Leinen und Baumwolle, Detail, England, 1930

Von den St Edmundsbury Weavers gestalteter und der Firma Edinburgh Weavers gefertigter Einrichtungsstoff. Das an eine Fackel erinnernde Motiv beruht auf den miteinander verbundenen Zickzacklinien und Fächerkonturen, die für die geometrischen Muster jener Zeit typisch sind.

Garn und Baumwoll-Doppelzwirn, England, 1946

Von Enid Marx stammt dieses schlichte, doch reizvolle Muster eines gewebten Dekostoffs für Utility Design Panel. Dieser Regierungsorganisation verantwortete die Produktion von hochwertigen Entwürfen in einer Zeit starker wirtschaftlicher Einschränkungen.

Samt, England, 2008

„Zebra", eine von Neisha Crosland entworfene Webware. Die scheinbare Schlichtheit des kraftvollen Musters trügt, denn tatsächlich ist es sehr komplex mit seinen in zwei Richtungen weisenden Zickzacklinien, die in verschiedenen Winkeln angeordnete kleine Dreiecke enthalten. Der Betrachter erkennt nach oben gerichtete Speerspitzen und nach unten gerichtete Eiszapfen.

Quadrate

19. bis 20. Jahrhundert

Das Quadrat zählt zu den einfachsten geometrischen Formen. Es verfügt über große symbolische Bedeutung, da es häufig als Sinnbild für die mathematische und wissenschaftliche Ordnung des Universums dient. Mit seiner Zweidimensionalität kann es für die Erde oder den Erdboden stehen, in einem engeren Sinne – vor allem in der östlichen Bildsprache – auch für ein Feld. Im Buddhismus repräsentiert das Quadrat in einem Kreis die Beziehung zwischen dem Menschlichen und Göttlichen, während es im Christentum spirituelle Vorstellungen versinnbildlicht, die mit der Zahl Vier verbunden sind – etwa die vier Himmelrichtungen oder die vier Evangelisten.

Seide, Detail, Japan, 19. Jh.

Hitatare bezeichnet die Robe eines Samurais, die häufig von einem Wappen verziert wird. Bei diesem broschierten Beispiel überlagern blaue und silberne florale Medaillons das cremefarbene und grüne Schachbrettmuster des Fonds. Die Kombination aus geisterhaften Kreisen und steifen Quadraten führt zu einer erstaunlichen Wirkung.

Baumwolle, Detail, Japan, 19. Jh.
Aus selektiv vorgefärbten Garnen *(kasuri)* gewebt, beeindruckt dieser Bettbezug durch sein komplexes Muster aus Glück verheißenden Kiefern-, Schildkröten- und Kranichmotiven, die durch sich überlagernde Quadrate ergänzt werden. Das Stück ist ein exquisites Beispiel für die gelungene Verbindung von natürlichen und geometrischen Formen.

Baumwolle, Japan, 19.–20. Jh.
Blau-weißer Futonbezug mit einem typischen Muster aus Glück verheißenden Motiven, die mit markanten geometrischen Dessins aus eingelegten Quadraten alternieren. Das Design entstand in *kasuri*-Technik, bei der bestimmte Garnabschnitte vor dem Färben abgebunden werden.

Leinen, England, 1913
Eine Arbeit der Omega Workshops, präsentiert der bedruckte Dekorationsstoff „Mechtilde" (Mechthild) ein regelmäßiges Muster aus dicken Quadraten, die jeweils aus vier rechteckigen Blöcken zusammengefügt sind. Es könnte sich hier um eine abstrakte Interpretation der Geschichte der heiligen Mechthild handeln, die im 13. Jh. lebte und ihre Visionen auf einzelnen Blättern Papier niederschrieb.

Baumwolle und Viskose, England, 1935
T. Bradley entwarf diesen bedruckten Einrichtungsstoff für die Firma Allan Walton Textiles, die in ihren Designs dem Ethos der Industrial-Art-Bewegung (Industriekunst-Bewegung) huldigte. Die leicht exzentrischen, sich überlagernden Quadrate sind miteinander verbundenen, wodurch der Eindruck eines rasterähnlichen Labyrinths entsteht.

Vielecke

18. bis 20. Jahrhundert

Vielecke sind geschlossene Figuren, deren Seiten aus geradlinigen Segmenten bestehen. Regelmäßige Vielecke trifft man in der Natur häufig an, insbesondere bei Mineralien. Auch bei textilen Mustern sind sie auf vielfältige Weise und in jeder nur denkbaren Technik vertreten, da sie gerne als einfache Bausteine für gelungene regelmäßige Rapportmuster verwendet werden. Vor allem Sechsecke und Achtecke sind für Textilien aller Art populär, von Teppichen bis zu Behängen. Vielecke versinnbildlichen oft geistliche Ideen oder geometrische und numerische Beziehungen.

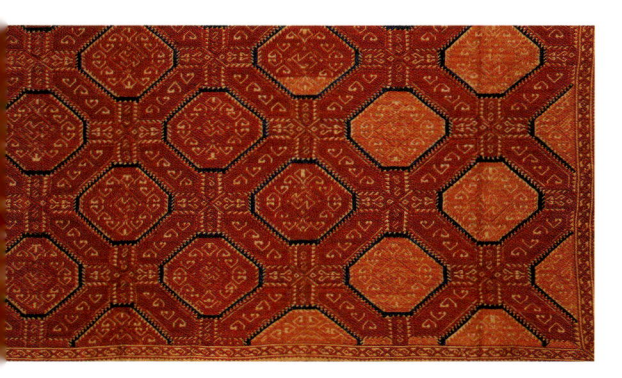

Unbekanntes Material, Griechenland, 18. Jh.

In der christlichen Ikonografie steht das Achteck für Erlösung. Es symbolisiert den achten Tag, an dem der auferstandene Jesus seinen Jüngern erschien. Bei diesem Bettvorhang von den Kykladen könnte den achteckigen Feldern neben den gestickten geometrischen floralen Motiven symbolische Bedeutung zukommen.

Seide, Detail, Japan, 1750–1800

Bei diesem Stück mit seinem dezenten Hintergrundmuster dominiert das prägnante, kraftvolle Design, das in Form von Sechsecken und Blüten geometrische und natürliche Elemente nebeneinandersetzt. Als Techniken wurden die Abbindereservierung *(shibori)*, das Schablonieren *(katakanoko)* und das Sticken angewendet.

Teppich, Detail, Turkmenistan, 19. Jh.
Bei Teppichen aus dem Westen Zentralasiens dient das Achteck oft als Hauptmotiv. Dieses möglicherweise von einem Stamm der Yomud gefertigte Exemplar zeigt ein einfaches Rapportmuster aus kraftvollen, in vier kontrastierende, farblich verschiedene Viertel unterteilten Achtecken.

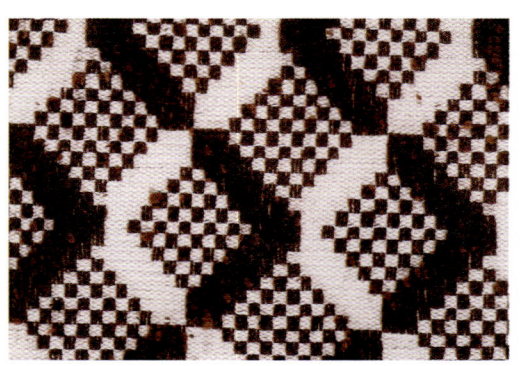

Wolle, Schweden, 19. Jh.
Das aus Streifen aufgebaute geometrische Muster dieses Wandbehangs mit seinen Rauten, Sternen, Streifen und stilisierten Pflanzen ist repräsentativ für das traditionelle Kunsthandwerk in der Provinz Schonen. Man beachte die in mehreren Größen vorkommenden Vielecke mit gestuften Seiten.

Wolle, England, 1973
Dekostoff in Jacquardweberei, bei dem unterschiedliche geometrische Formen kombiniert wurden. Kleine Rauten aus winzigen Quadraten überlagern einen Hintergrund aus einem Quadratraster, der sich selbst in eine Reihe von Vielecken verwandelt. Darüber hinaus ist ein übergeordnetes Muster aus sich kreuzenden Linien erkennbar.

Rauten

17. bis 20. Jahrhundert

In der Geometrie versteht man unter einem Rhombus (von dem altgriechischen Wort für „Kreisel") ein gleichseitiges Viereck. Im Kontext von Design und Mustern ist die Bezeichnung „Raute" üblicher. Textildesignern empfiehlt sich die Raute als eine weitere einfache Form, mit der sich ohne Weiteres lebhafte, auch rapportierende Muster kreieren lassen.

Teppich, Detail, Norwegen, 17. Jh.

Ein dramatisches Dessin aus gezackten kleinen, in flacher Webart erzeugten Rautenformen zeigt, wie aus einem einfachen Muster eine kraftvolle übergeordnete Gestaltung entstehen kann. Die mechanische Wiederholung von Motiven ist typisch für solche einfachen privat gefertigten Stücke. Oft ergeben Rauten unbeabsichtigt übergeordnete Muster, in diesem Fall ein Raster.

Seide mit Lederfutter, England, 1628
Mit Glasperlen geschmücktes Täschchen, bei dem die Perlen ein Rapportmuster bilden, das in einem Rhombus innerhalb eines kleinen rautenförmigen, in Schwarz, Weiß, Gelb und Türkis gehaltenen Gittermusters auf braunem Grund den Buchstaben S zeigt.

Teppich, Persien, 19. Jh.
Aus Aserbaidschan stammt dieser von Hand in Wolle auf wollener Kette und Schuss geknüpfte Teppich, ein gutes Beispiel für einen ausgewogenen, kraftvollen, lebhaften Entwurf. Die Mittelreihe aus drei konzentrischen Sechsecken spiegelt die den Rautenformen zugrunde liegende Struktur eines kleinen Rautenmusters wider.

Baumwolle, China, 20. Jh.
Diese in einer Reservetechnik dessinierte Arbeit mit weißen Motiven auf blauem Grund ziert ein rautenförmiges Gittermuster, dessen Zellen Kreise und Voluten beinhalten. Diagonale Linien aus Tupfen sorgen für eine ausgewogene Wirkung. Das Ganze sitzt in einem rechteckigen Rahmen mit aus Tupfen und Kreisen bestehenden Konturen.

Baumwolle, China, 20. Jh.
Eine unverwechselbare Arbeit, die ihre Wirkung den kräftigen Farben und dem geschickten Spiel mit den Größenverhältnisses verdankt: Jede der weißen Rauten ist in vier kleinere mit dunkelroten Details unterteilt und sitzt auf einem gelbbraunen Grund, wo sie scheinbar Teil einer weiteren größeren Raute ist.

Gitter

14. bis 20. Jahrhundert

Als „Gitter" bezeichnet man eine Struktur aus vertikalen und horizontalen oder aus gekreuzten diagonalen Streifen. Ursprünglich verstand man unter einem Gitter ein Stützgerüst für Kletterpflanzen. Designer haben längst die Form und etwas später auch den Begriff übernommen und bedienen sich ihrer ebenso für sich emporrankende florale Muster wie als Abstraktionsgrundlage für andere Dessins. Der Vorzug von Gittern in der Mustergestaltung liegt in ihrer Flexibilität: Man kann sie als einfache abstrakte geometrische Formen belassen, naturalistisch verzieren oder als unterliegende Struktur für andere Motive einsetzen.

Seide, Deutschland, 14. Jh.
Früher bestickter Beutel mit einem Gittermuster, das Platz bietet für diverse Symbole aus der christlichen Ikonografie wie einen Pelikan, der sich die Brust putzt, ein Kreuz und den Buchstaben M. Diese Motive verweisen auf die religiöse Bestimmung des Objekts.

Wolle und Baumwolle, Persien, 19. Jh.
Bei der dekorativen Soumachtechnik wickelt man den Schussfaden, gewöhnlich in diagonaler Richtung, um jeden einzelnen Kettfaden, wodurch ein Fischgrätmuster entsteht. Diese Satteltasche mit wollener Kette und baumwollenem Schuss bedeckt ein Gittermuster aus kleinen Rauten, die typisch persische Teppichmotive beinhalten.

**Baumwolle, England,
um 1878–1880**
Das dichte, kunstvolle Muster besteht aus zwei völlig getrennten Elementen. Die komplexen geometrischen Streifen, die das Gitter bilden, sind überlagert von üppigen Büscheln von *Syringa vulgaris,* einer Fliedersorte, deren herzförmige grüne Blätter mit kräftigen Blattadern lebhaft und effektvoll zu dem eher formalen Grund kontrastieren.

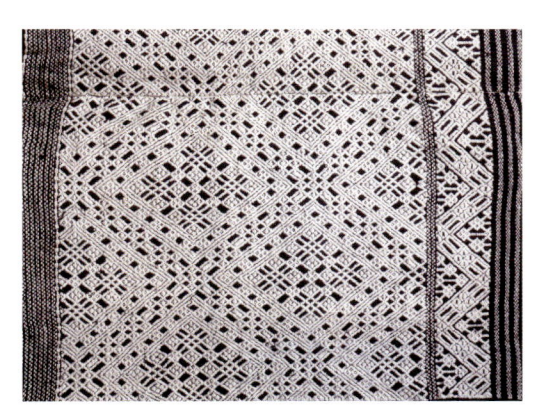

Ramie, Detail, Japan, spätes 19./frühes 20. Jh.
Arbeiten im Stil dieses indigogefärbten Ramiestoffs mit weißer Baumwollstickerei *(kogin),* der Teil eines Kimonos ist, werden ausschließlich von Frauen aus Tsugaru im äußersten Norden von Honshu gefertigt. Das Rautenmuster ist ebenso charakteristisch wie die Technik.

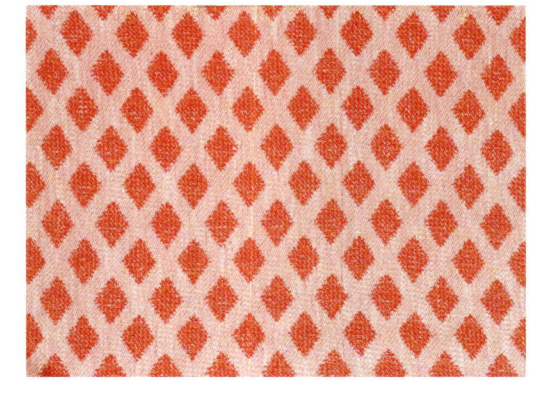

Unbekanntes Material, Großbritannien, 1949
Von der bekannten, in der Schweiz gebürtigen Weberin Marianne Straub für die Helios Ltd. entworfen, lassen die einfachen, dezenten Rauten dieses gewebten Dekostoffs Sympathien für eine unaufdringliche Moderne erkennen. Das Design erinnert an Straubs Arbeiten für die Londoner U-Bahn.

Wellen

20. Jahrhundert

Wellenformen, obzwar mit Wasser und Meer verbunden, werden im Textildesign gewöhnlich stilisiert. Sie bestehen oft aus zwei Teilkreisen, die zu einer Wellenlinie aneinandergesetzt und auf beiden Seiten durch Füllmuster ergänzt werden. Die konvexen und konkaven Linien ergeben eine offene S-Form, bisweilen *cyma recta* (fallendes Karnies, Kyma) genannt. Wellen können in ihrer symbolischen Wirkung auf den Betrachter variieren, je nachdem, ob sie ihm als Bedrohung erscheinen und infolgedessen ein Gefühl von Unabwendbarkeit und Passivität auslösen, oder ob er sie mit der unkontrollierbaren Kraft des Meeres identifiziert.

Wolle und Leinen, England, 1913
„Cracow" (Krakau), ein Dekorationsstoff in Jacquardbindung, entworfen und verkauft von den avantgardistischen Omega Workshops, die sich zum Ziel gesetzt hatten, die zeitgenössische Kunst in ihrem Reichtum auch auf Alltagsgegenstände auszudehnen. Das Gewebe wurde als strapazierfähige Tapisserie für Möbelbezüge beworben.

Baumwolle, Schottland, um 1918
Der Architekt Charles Rennie Mackintosh gestaltete diesen bedruckten Einrichtungsstoff, dessen blattähnliche Motive sich zu Wellen formieren, die über den Stoff hinwegzufließen scheinen. Mackintosh machte sich vor allem mit seinen Möbeln und Inneneinrichtungen einen Namen. Dieses Muster zählt zu seinem Spätwerk.

Baumwolle und Viskose, England, 1932
Im Siebdruckverfahren bemusterter Dekostoff, ein Entwurf von H. J. Bull für Allan Walton Textiles. Die kraftvolle rhythmische Komposition stellt gerade Kanten und Kurven nebeneinander. Sie hinterlässt beim Betrachter einen Eindruck von Kraft und Ausgewogenheit, der ebenso wie die abstrakte Geometrie typisch ist für diese Periode.

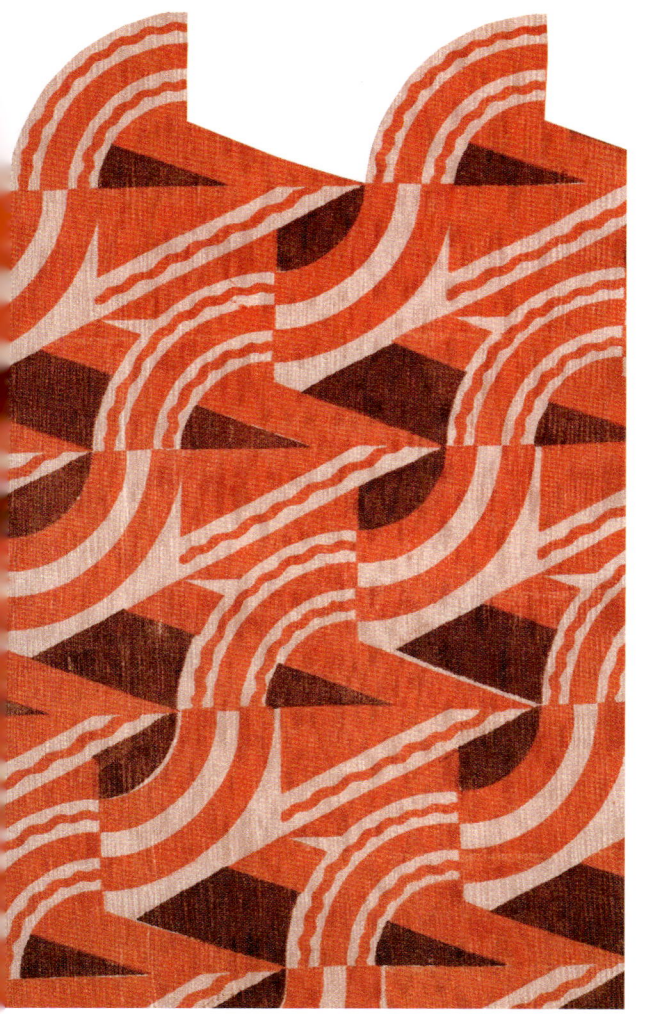

Baumwolle, England, 1934
Charles Grant, der dieses Muster für ein Jacquardgewebe namens „Mendip" kreierte, benutzte es als Fingerübung zur Erkundung der Möglichkeiten der S-Form von Wellen vor einem strukturierten Fond. Die feine schwarze Linie steht im Kontrast zu der breiten grauen, was ein interessantes Spannungsverhältnis zwischen den Formen erzeugt.

Seide, Detail, Japan, 1973
Das abstrakte Muster des Kimonostoffs „Green Waves" (Grüne Wellen) wurde in der *yuzen*-Stärkereservierungstechnik gefertigt. Die grünen Viertelkreise, die die Wellen bilden, verleihen dem Dessin ein modernes, etwas abgehacktes Aussehen. Man beachte jedoch, dass zwei kontinuierliche Wellenlinien diagonal über die Fläche verlaufen und die verschiedenen Elemente miteinander verbinden.

141

Kreise

19. bis 20. Jahrhundert

Kreise gehören zu den elementarsten geometrischen Formen, aber auch zu den wichtigsten Symbolen überhaupt. Der Kreis zählt neben der Mitte, dem Kreuz und dem Quadrat zu den vier Grundsymbolen. Als höchste und perfekte geometrische Form steht er in seiner Vollendung oft für Unendlichkeit. Man begegnet ihm in zahllosen Variationen in jeder Kunst- und Designform und seine grenzenlose Vielseitigkeit macht ihn zu einem Liebling von Textildesignern.

Seide, Detail, Japan, 19. Jh.

Altartuch in Köperbindung für einen Tempel. Das Muster aus goldenen Broschierungen auf Seide und aus umwickeltem Papier zeigt Chrysanthemen-Medaillons und Blattvoluten. In Japan dient die Chrysantheme, die Blume des Herbstes, sowohl als Sonnensymbol als auch als Emblem der kaiserlichen Familie, von der man glaubte, dass sie vom Sonnengott abstammt.

Wolle und Baumwolle, England, um 1845
Gewebter Vorhang, von A.W.N. Pugin entworfen und auf der Weltausstellung von 1851 präsentiert. Das Design erinnert an mittelalterliche Dessins, die auf Zirkelmustern beruhten. Je nach Betrachtungsweise lässt es zwei Interpretationen zu: zum einen als miteinander verbundene Kreise mit Fleur-de-Lys, zum anderen als strenges Rapportmuster aus von kleinen Motiven umgebenen Fleur-de-Lys.

Seide, Detail, Indien, spätes 19. Jh.
Dieser atlasbindige Rock mit Seidenstickerei bezaubert durch sein Dessin aus schwarzen und roten runden, stilisierten Blütenköpfen, die sich in einem regelmäßigen Rapport auf cremefarbenem Grund verteilen. In der fein genähten Bordüre, einem charakteristisches Merkmal von Arbeiten aus dem Bezirk Kutch in Gujarat, alternieren Papageien mit Blüten und Muscheln.

Seide, China, 19.–20. Jh.
Gedeckte Medaillons mit kunstvoll gezeichneten Drachen sind in Köperbindung auf ganzer Länge in diesen hellgelben Stoff eingewebt. Der Drache, ein Symbol des Kaisers, wird schon seit Langem mit China verbunden. Solche Muster sind ideal für gerade geschnittene, ostasiatische Kleidungsstücke.

Baumwolle, England, 1920
Das Muster dieses Dekostoffs lebt vom Kontrast zwischen den dunklen vertikalen Streifen und den helleren Kreisen, die wiederum weitere, sie überlagernde Kreise beinhalten. Die Lila- und Orangetöne sind typisch für die lebhaften Farben zeitgenössischer Entwürfe.

Optische Illusionen

20. Jahrhundert

Diese Stoffe aus dem 20. Jh. belegen die anhaltende Faszination für optische Illusionen. Die Op Art, eine Kunstrichtung, die sich insbesondere mit optischen Täuschungen befasste und in den 1960er-Jahren enormen Anklang fand, zählte zu den Inspirationsquellen für textile Muster. Die meisten dieser Gestaltungen sind abstrakt, und viele der bekanntesten Beispiele wurden nur in Schwarz-Weiß produziert. Betrachtet man sie, scheinen sie sich zu bewegen, zu vibrieren, vorzutreten oder zurückzuweichen. Sie eignen sich insbesondere für Vorhänge und Behänge, da eine lang herabfallende Bahn die optische Täuschung verstärkt und das Auge noch stärker verwirrt.

Seide, Schottland, 1918
Von Charles Rennie Mackintosh gestalteter Kleiderstoff, dessen umwerfende dreidimensionale Wirkung auf dem Kunstgriff beruht, einen sich wiederholenden Halbkreis in einem bestimmten Winkel versetzt anzuordnen. Das Ergebnis lässt sich als Schuppen, Dachziegel, Muscheln oder sich überlappende Bögen interpretieren.

Baumwolle und Wolle, Holland, um 1930
Ein dynamisches, vibrierendes Dessin in den abstrakten und gedeckten Farben, wie sie in den 1930er-Jahren an Beliebtheit gewannen, ziert den von Jean Bouzois entworfenen Behang. Es ähnelt den Op-Art-Mustern der späten 1960er-Jahre.

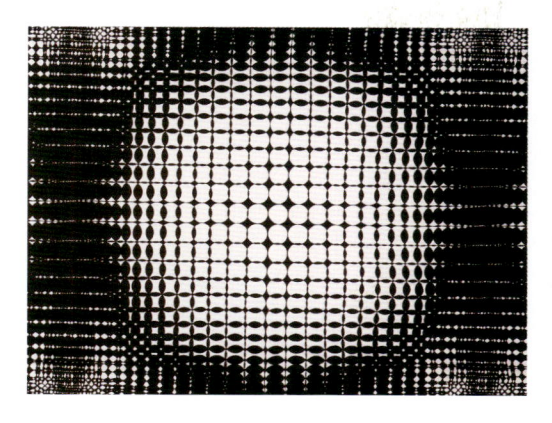

Baumwolle, England, 1965
„Impact" (Wirkung), ein Satin-Dekorationsstoff mit Siebdruckmuster von Evelyn Brooks für Heal Fabrics. Er weist deutliche Bezüge zur Op Art auf. Die Beziehung zwischen Illusion und Oberfläche ist offensichtlich, und auch die schwarz-weiße Farbgebung stellt einen deutlichen Bezug zur Kunst jener Zeit dar.

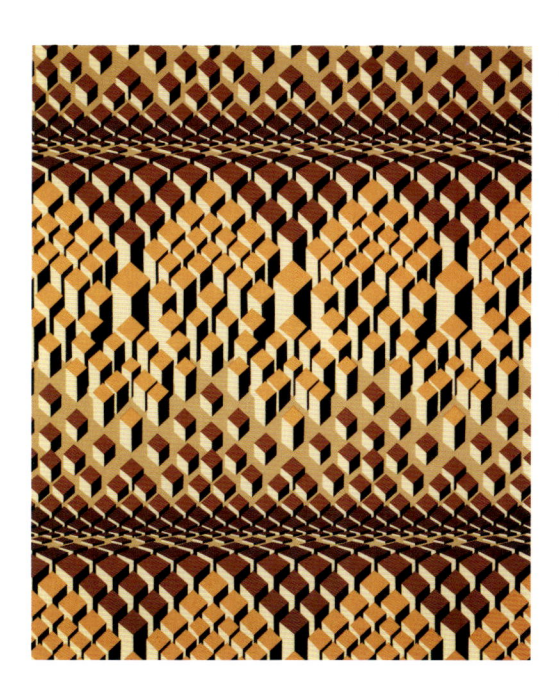

Baumwolle, England, 1966
Das psychedelische, schwarz-weiße Siebdruckmuster dieses Einrichtungsstoffs, das den Blick abwechselnd in sich hineinzieht und zurückstößt, wurde von Barbara Brown für Heal Fabrics kreiert. Es ist kennzeichnend für die 1960er-Jahre und wie geschaffen für Vorhänge.

Baumwolle, Großbritannien, 1973
„Metropolis" – ein aussagekräftiger Name für das Design dieses bedruckten Dekostoffs, dessen regelmäßige, schattierte Blöcke an eine großstädtische Bebauung erinnern. Es kann aber auch als rein abstraktes Muster betrachtet werden, mit all den für Op-Art-Stoffe typischen Illusionen und Verzerrungen.

Einleitung

Abstrakte Muster für Textilien, ebenso wie für viele andere Objekte, umfassen die gesamte Skala künstlerischer Arbeiten von frühester Zeit bis heute. Sie lassen sich unterteilen in Dessins, die auf reale Vorbilder zurückgehen, und in andere, bei denen es sich um reine Erfindungen handelt. Einfache geometrische und lineare Formen mögen in frühen, weniger hoch entwickelten Kulturen einen symbolischen oder auch dekorativen Zweck erfüllt haben, der sich dem Betrachter heute nicht mehr erschließt. Wie dem auch sei, abstrakte Muster schätzt man wegen ihrer optischen Wirkung, nicht wegen einer etwaigen verborgenen Bedeutung. Das folgende Kapitel stellt anhand einer repräsentativen Auswahl die ganze Bandbreite und Vielfalt der verwendeten Formen und Farben vor.

Seide, Detail, China, frühes 19. Jh.
Miteinander verbundene Voluten bedecken diese gewebte Drachenrobe in einem scheinbar willkürlichen Muster. Tatsächlich könnten die Voluten stark abstrahierte Wolken darstellen, die in der chinesischen Tradition die Auflösung des vergänglichen Geschöpfes vor dem Eingehen in die Ewigkeit symbolisieren.

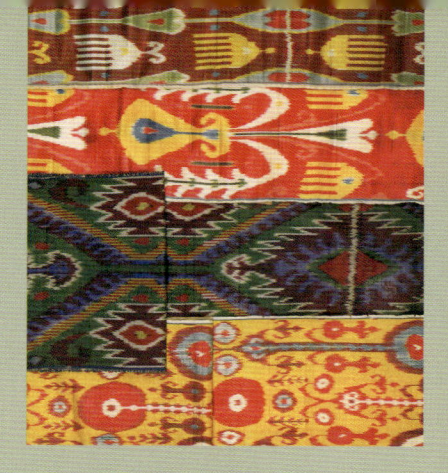

Seide und Baumwolle, Detail, Zentralasien, Mitte des 19. Jh.
Bei der Ikatfärberei, einer Spezialität der Städte im heutigen Usbekistan, handelt es sich um eine Reservetechnik, bei der Kett- und bisweilen auch Schussfäden an bestimmten Stellen abgebunden werden, um so schon vor dem Weben des Stoffs ein Muster zu erzeugen. Die abgebildeten Dessins können symbolisch sein oder einfach nur schön.

Seide und Wolle, England, um 1870
Dieser gewebte Dekorationsstoff von Edward William Godwin ist inspiriert von abstrakten japanischen *komai*-Mustern, bei denen geometrisch gemusterte Bereiche durch gerade Kanten oder Linien voneinander getrennt sind. Verglichen mit den organisch fließenden Formen japanischer Originale, mutet das abgebildete Beispiel recht mechanisch an.

Stoffentwurf, USA, um 1940–1950
Für einen Kleiderstoff konzipiertes abstraktes Muster, das alle Erkennungsmerkmale der Mitte des 20. Jh. in sich vereint. Es ist malerisch in seiner Ungezwungenheit, erzielt durch nachgeahmte Pinselstriche und Tupfer, wie man sie von rasch dahingeworfenen Bildern kennt. Der in Deckfarben auf Papier ausgeführte Entwurf könnte sofort auf Stoff übertragen werden.

Baumwolle, Großbritannien, 1952
Krepp mit Siebdruckmuster von Marian Mahler für die David Whitehead Ltd. Das abstrakte Dessin beruht auf einem sich drehenden Mobile, einer in den 1940er- und 1950er-Jahren beliebten skulpturalen Form. Durch die Umsetzung in ein zweidimensionales Muster wurde das ursprünglich dreidimensionale Motiv abstrakter.

Patchwork

18. bis 19. Jahrhundert

Patchworkdesigns werden im Allgemeinen aus sich wiederholenden Musterblöcken entwickelt, diese sind wiederum aus geometrischen, aus ausgewählten Stoffen ausgeschnittenen Formen in unterschiedlichen Farben aufgebaut. Näht man die Blöcke aneinander, ergeben sie ein übergeordnetes Design, das willkürlich oder regelmäßig sein kann. Ursprünglich eine sparsame Methode zur Verwertung von Stoffresten, etablierte sich Patchwork als eigenständige Kunstform. Es gibt Stücke, die Bereiche aus eigens dafür gekauften Stoffen beinhalten, und viele bestehen ganz daraus. Bei Patchwork sind spezifische Effekte möglich, etwa Schachbrettmuster, Sternformen oder Farbverläufe von Hell nach Dunkel und umgekehrt. Obgleich in zahlreichen Kulturen weitverbreitet, verbindet man Patchwork am engsten mit England und Nordamerika.

Patchwork, England, Mitte des 18. Jh.
Bei diesem schönen Stück, möglicherweise genäht von Mary Parker, dienen einfache Dreiecke als Grundformen für die Gestaltung. Die Vielfalt der Stoffe resultiert in unterschiedlichen Effekten innerhalb des Musters, sodass der Betrachter außer den Dreiecken auch Sanduhrformen, Quadrate und Rauten erkennt.

Patchwork, England, 1760er-Jahre
Mit Baumwolldrucken abgefütterte Arbeit aus seidenen Kleiderstoffen und Bändern mit einem Dessin aus einfachen geometrischen Formen. Das Hauptmuster ist überlagert von einer inneren und umrahmt von einer äußeren Bordüre, die zusammen für mehr Struktur sorgen. In den Bordürenecken finden sich kleinere Versionen des Details in der Mitte.

Patchwork, Detail, England, spätes 18. Jh.
Das zu spiegelbildlich aufgebauten Blöcken (Rapporten) angeordnete, sich überlappende Muschel- oder Schuppenmuster aus bedruckten und bemalten Baumwollstoffen verleiht diesem Quilt seine unterliegende Struktur. Sie wird überlagert von einem Muster aus erheblich größeren Rauten, die von zu Bogenkanten geformten Bändern gebildet werden.

Patchwork, England, 1875
Decke aus bunten Seidenstoffen und Filzen, die von der Jugend bis zum Alter in groben Zügen die gemeinsame Geschichte eines Paars erzählt. Jedes Bildfeld beinhaltet eine typische Szene einer viktorianischen Liebesgeschichte und Ehe, und zwar so allgemein gehalten, dass jeder sie versteht.

Patchwork, England, 1895
Zusammengesetzt aus verschiedenen einfarbigen Satin- und bedruckten seidenen Kleiderstoffen, lässt dieser Quilt mit seinem willkürlichen und abstrakten Dessin keine planmäßige Anordnung erkennen. Dennoch wirkt er hinsichtlich der Verteilung von Farben und Formen ausgewogen.

Malerische Muster

20. Jahrhundert

Im frühen 20. Jh. versuchten sich gleich mehrere berühmte Künstler als Gestalter von Textilmustern. Diese Entwicklung, die oft Hand in Hand ging mit dem Aufstieg der Abstraktion in der modernen Malerei, fand auch ihren Niederschlag in kommerziellen Mustern jener Zeit. Die Ähnlichkeit zwischen einer flachen Leinwand und einem flachen Stoff zum Bedrucken ist offensichtlich. In seiner Verbindung von abstrakten Formen und Geometrie, die häufig ein sehr lebhaftes Zusammenwirken der Formen und Farben innerhalb eines Entwurfs zur Folge hatte, war dieser „moderne" Ansatz in der Mustergestaltung revolutionär.

Baumwolle, Frankreich, frühes 20. Jh.
Die Art-déco-Künstlerin Madame de Andrada entwarf diesen Einrichtungsstoff aus bedruckter Baumwolle. Er präsentiert ein üppiges, abstraktes, dabei regelmäßiges Dessin aus verschiedenen geometrischen Formen in diversen warmen, leuchtenden Farben, in das auch ein schwarz-weißes Schachbrettmuster integriert ist.

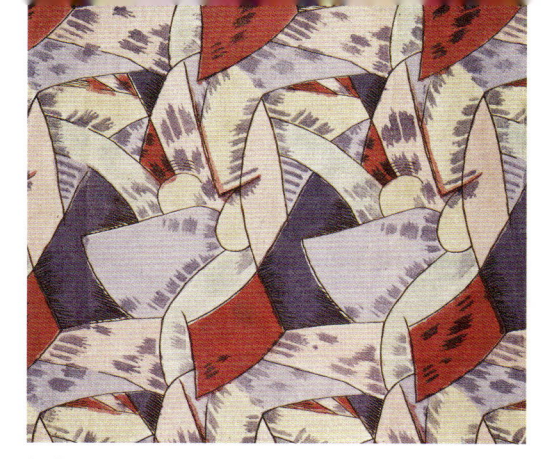

Leinen, England, 1913
Der Dekostoff „Amenophis" ist eine Arbeit von Roger Fry für die Omega Workshops. Deren innovative Textilentwürfe begründeten einen Trend hin zu abstrakten und geometrischen Sujets. Das abgebildete Muster beruht auf Frys Gemälde *Still Life with Egg and Books* (Stillleben mit Ei und Büchern).

Baumwolle, England, 1920er-Jahre
Im Rouleauxdruckverfahren dessinierter Dekorationsstoff, ein Entwurf von Minnie McLeish für die William Foxton Ltd. Die Designerin war bekannt für ihre Muster in kräftigen, leuchtenden Farben, die den Einfluss kubistischer Maler nicht leugnen. Hier ist er vor allem in der senkrechten Mittelreihe aus stark abstrahierten Blüten erkennbar.

Seide, Frankreich, 1920er-Jahre
Maler übten damals in Frankreich großen Einfluss auf die dekorative Kunst aus. Sie waren häufig auch selbst als Gestalter tätig. Bei diesem Beispiel verbindet sich der Einfluss der Fauvisten und ihrer kraftvollen Farbstellungen mit dem exotischen Motiv einer stilisierten Frau mit Turban.

Baumwolle, England, 1923
Dieser im Rouleauxdruckverfahren bemusterte Einrichtungsstoff zeigt innerhalb eines abstrakten geometrischen Musters aus rechteckigen Flächen eine malerische Farbpalette – ein Verweis auf die zeitgenössische Kunst. Jedes Rechteck zieren Zickzackmuster in einer Vielzahl von Farben.

151

Spiralen

19. bis 21. Jahrhundert

Bei der Mustergestaltung mit Spiralen zwingt man ein Motiv in seine Dienste, das in den meisten Kulturen anzutreffen ist und seit frühester Zeit Verwendung findet. Die Spirale kann helixförmig sein oder flach. In ihrer flachen Form erinnert sie am ehesten an ein Labyrinth, da sie sich von einem Punkt ausgehend entwickelt und anschließend wieder in die Mitte zurückfällt. Ganz anders die Helixform, die für den von Wiederholungen geprägten Rhythmus des Lebens sowie den Evolutionszyklus steht. Als Symbol repräsentiert die Spirale den Mond, ferner die Fruchtbarkeit des Wassers.

Baumwolle, Japan, 19. Jh.
Futonbezug mit einem Dekor in *rasuri*-Reservetechnik, das zwei der wichtigsten traditionellen Symbole Japans beinhaltet. Die Chrysanthemen versinnbildlichen die Sonne und ein langes Leben, die Spiralen lassen sich als Glück verheißende Wellen oder Wolken interpretieren.

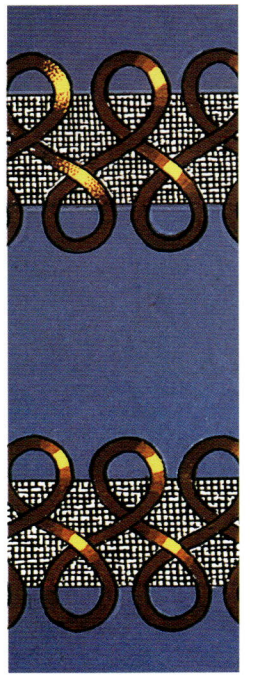

Stoffentwurf, Frankreich, 1890
Dieser Stoffentwurf für Kleider zeigt ein systematisches, prägnantes Rapportmuster, das auf einer zu Reihen von Achten aneinandergefügten Spirale beruht. Das Dessin erinnert an altmodische Borten oder einen Gimpenbesatz, möglicherweise ein beabsichtigter Effekt. Die Schattierungen täuschen eine metallische Oberfläche vor.

Teppich, England, um 1936
Im Art-déco-Stil von Marion Dorn für die Royal Carpet Factory in Wilton entworfen, ziert dieses Beispiel ein großes, von stilisierten Ähren überlagertes spiralförmiges Band. Dorn griff in ihren vorwiegend abstrakten Werken auf Voluten, Spiralen, Zickzacklinien und weitere geometrische Motive zurück.

Baumwolle, England, 1969
Dekostoff mit Siebdruckmuster, gestaltet von Barbara Brown für Heal Fabrics. Das Motiv mit seinem riesigen, sehr ungewöhnlichen Format könnte ebenso gut eine architektonische Form darstellen wie eine stark formalisierte Säule oder auch ein weniger traditionelles Objekt wie eine Rutschbahn oder eine massiv vergrößerte Schraube.

Leinen, England, 2008
Ein wunderbar einfallsreicher Druck mit einer Form, die als Kreuzung aus Spirale und Welle daherkommt. Neisha Crosland bediente sich für ihr Muster „Hedgehog" (Igel) einer mit verschieden großen Stacheln besetzten Wellenlinie und schuf damit ein leicht beunruhigendes Dessin aus stachelbewehrten Schlangenlinien.

153

Art déco

20. Jahrhundert

Die Ära des Art déco, die sich von den frühen 1920ern bis in die 1930er-Jahre erstreckte, fand in der Geschichte der abstrakten Mustergestaltung ein besonderes Echo. Für sie ist eine eklektische Mischung aus elegantem und stilvoll modernem Design typisch, das Einflüsse vielfältiger Herkunft zeigt. Diese umfassen die sogenannte primitive Kunst Afrikas, des alten Ägyptens sowie Mittel- und Südamerikas ebenso wie zeitgenössische, Technologie und Architektur entnommene Motive. Auch der Kubismus in Frankreich und der Futurismus in Italien übten Einfluss aus.

Schabloniertes Exlibris, Detail, Frankreich, 1930
Paul Poiret, vor allem als Modeschöpfer und Dekorateur bekannt, konzipierte dieses Muster für Dekorationsstoffe. Obwohl auch die Bäume und Blätter in ihrer abstrakten Umsetzung für den Art déco repräsentativ sind, ist das Hundemotiv am typischsten. Hier erscheint der Hund elegant und schnell.

Teppich, England, 1930er-Jahre
Das flache moderne Spiralmotiv dieses Stücks könnte von dem Pariser Teppichdesigner Ivan da Silva Bruhns inspiriert sein. Anklänge an ethnische Stile Südamerikas wie hier sind für Bruhns' Arbeiten charakteristisch.

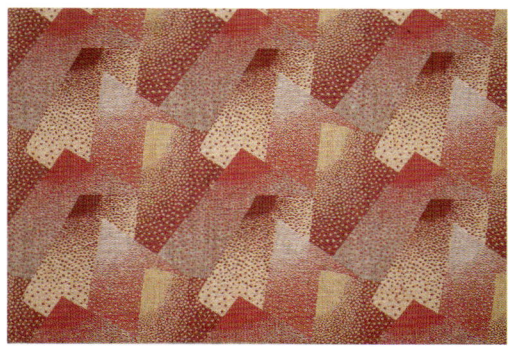

Baumwolle und Kunstseide, Frankreich, um 1931
Gewebter Einrichtungsstoff mit einem abstrakten Mosaikmuster aus sich wiederholenden gelb-roten eckigen Formen mit eingewebten Sprenkeln.

Seide, Frankreich, um 1931
„Variations" (Variationen), ein Dessin von Robert Bonfils, ist kennzeichnend für den Art-déco-Stil ab den späten 1920er-Jahren. Die abstrakten Motive und gedeckten Farben verweisen im Zusammenspiel mit den geometrischen Formen raffiniert auf arbeitende Maschinen.

Viskose und Baumwolle, England, 1939
„Avis" (Vogel) nannte Marion Dorn das von ihr entworfene Design dieses Dekostoffs. Weiße Tauben mit ineinandergreifenden dunkelblauen und hellgrünen Flügeln fliegen in einem tesselierenden Rapportmuster hin und her. Die dünnen blauen und weißen Linien auf den Flügeln verstärken den Eindruck von Bewegung.

Navajomuster

19. bis 20. Jahrhundert

Navajodecken und -teppiche sind auf Anhieb an ihrem Stil zu erkennen und in guter Qualität außerordentlich begehrte Sammelobjekte. Sie wurden in Arizona und New Mexiko schon ab dem 18. Jh. gefertigt, doch die klassische Periode begann erst mit den 1850er-Jahren. Seitdem entstanden zahlreiche Muster. Oft lässt sich ein Stück einem der 13 Webereibezirke zuordnen, nach denen die Stile benannt sind. Obwohl die Kultur der Navajoindianer von Symbolik durchdrungen ist, haben ihre Teppiche keine sakrale Bedeutung oder Motivik.

Wolle, Navajo, Arizona, um 1863–1868

Starke, kraftvoll gezeichnete geometrische Motive dominieren diese Decke mit einem symmetrischen Dessin aus Rauten sowie durchgehenden und unterbrochenen Linien, das an den Schmalseiten mit halben Rauten abschließt. Wie es scheint, wurden diese Motive während der sogenannten Übergangsperiode Mitte des 19. Jh. eingeführt.

Wolle, Navajo, um 1890–1895
Bei dieser Decke wurde ein einfaches Kreuzmotiv auf unterschiedliche Weise eingesetzt. Man hat vermutet, dass das Kreuz auf die Symbolik der Missionare verweist, doch hier bezieht es sich wohl eher auf die traditionelle Bilderwelt der Navajoindianer, die bereits vor dem Kontakt mit dem Christentum entstand.

Wolle, Navajo, 1930er-Jahre
Mit seinem lebhaften Design, das auf Rautenformen unterschiedlicher Größe basiert, verfügt dieser wollene Teppich über ein gelungenes Rapportmuster. Es ist entlang der Längsachse klar definiert, gleichzeitig aber aufgebrochen durch die kleinen aufgebrachten Rauten innerhalb der großen.

Wolle, Detail, Navajo, Entstehungszeit unbekannt
Gewebte Decke, die durch eine einfache, aber geschickte Mischung von geometrischen Kombinationen fasziniert, die den Ruhm dieser Arbeiten begründen. Die Zickzacklinien könnten hier, was selten vorkommt, Blitze symbolisieren, denn in der Überlieferung der Navajoindianer trug der Gott des Blitzes Blitze bei sich, die als Leitern dienten.

Wolle, Navajo, 1940er-Jahre
Diesen Wollteppich ziert ein ungewöhnliches Motiv: Hinter einem in eine Navajodecke gekleideten Führer patrouillieren abstrakte uniformierte Figuren von links nach rechts. Oberhalb und unterhalb des bildhaften Hauptmotivs sieht man ein traditionelles Wellenlinienmotiv, am oberen und unteren Rand ein interessantes Kammmuster.

Präkolumbianische Muster

Von der Antike bis zur Moderne

Die indigenen Völker Südamerikas hinterließen auf Textilien und anderen Artefakten ein reiches Vermächtnis an Mustern. In ihren Traditionen der Mustergestaltung ist die Rolle von Mythen und Symbolen tief verwurzelt, und vollendete Arbeiten können von großer spiritueller Bedeutung sein. Zahlreichen Variationen von Schlangen, fallenden Figuren, Kriegern und geometrischen Formen finden sich in mehreren Ländern Mittel- und Südamerikas, wenngleich jedes von ihnen seine eigenen Traditionen besitzt.

Wolle, Peru, um 200 v. Chr. –200 n. Chr.
Die stark formalisierte, hybride anthropomorphische Figur eines Dämonen oder Gottes aus einem alten Pantheon bildet das Hauptmotiv dieses Umhangs. Sie hält eine Schlange im Maul und hat eine Art Fischschwanz – zwei Aspekte, durch die sie noch eindrucksvoller wirkt.

Federn, Peru, um 900–1476
Beispiel für Statusbekleidung, bei dem es sich um einen Teil eines Umhangs handelt. Er ist aus den bunten Federn des Hellroten Aras gefertigt und mit einem Wellenmotiv geschmückt, das an eine vitruvianische Volute des alten Roms erinnert. Dies lässt darauf schließen, dass die Volute ein universales Motiv ist.

Baumwolle, Peru, um 1100–1500
Chimutextilien von der Nordküste Perus weisen häufig stilisierte Motive und geometrische Figuren auf, die sich innerhalb von Friesen wiederholen. Hier handelt es sich um eine menschliche Figur mit großer, halbmondförmiger Kopfbedeckung in Begleitung einer Katze, die in der Chimukultur als „Nahrungsbringer" verehrt wurde.

Wolle, Peru, 14. Jh.
Bildwirkerei aus alternierenden Quadraten mit großen Fischen und Fische fressenden Vögeln. In Kombination von naiven Motiven mit einer anspruchsvollen Musteranordnung beweist dieses Stück das virtuose Können der indigenen Bevölkerung Südamerikas.

Farben auf Papier, Frankreich, 1960er-Jahre
Ein exotisches Muster, das von der klassischen präkolumbianischen Bilderwelt angeregte Motive auf einen Kleiderstoff überträgt und zu geometrischen, klar abgegrenzten Blöcken zusammenstellt. Diese wiederholen sich in Kettrichtung in variierenden Farbkombinationen, wodurch der Entwurf noch komplexer erscheint.

Das Festival of Britain

20. Jahrhundert

In den frühen 1950er-Jahren begann eine einflussreiche Episode der Mustergestaltung: Das Festival of Britain von 1951 präsentierte das Werk der Festival Pattern Group, in der Designer und Wissenschaftler vertreten waren. Die Wissenschaftler analysierten anhand von Röntgenbildern, die sie von Kristallstrukturen verschiedener Substanzen und deren Atomstrukturen gemacht hatten. Berühmte Designer adaptierten daraufhin die so erhaltenen, komplizierten Muster für textile Entwürfe. So entstand eine Reihe von abstrakten Dekostoffen mit einigen der eindrucksvollsten Designs, die man mit dem sogenannten Contemporary Style (Zeitgenössischer Stil) der 1950er-Jahre verbindet.

Wolle, Baumwolle und Viskose, England, 1951
Für ihren Entwurf des Einrichtungsstoffs „Surrey" setzte Marianne Straub die Kristallstruktur des Minerals Afwillit in ein modernes, fließendes Muster um.

Leinen, England, 1951
Als eines der berühmtesten Beispiele für den Contemporary Style der 1950er-Jahre trägt dieses Design von Lucienne Day in Anspielung auf den Fruchtkelch bei Blumen den Namen „Calyx" (Blütenkelch). Es ist eindeutig von Künstlern wie Paul Klee und Joan Miró inspiriert und war ursprünglich als Collage gedacht.

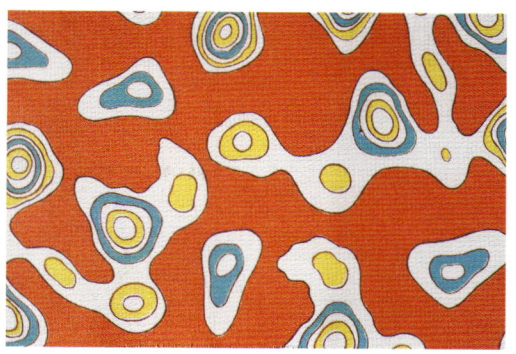

Viskose, England, 1951
S.M. Slade verdankte die Idee für das Siebdruckmuster seines Kleiderstoffs „Afwillite" (Afwillit) demselben Mineral, das auch Marianne Straub zu ihrem Design „Surrey" (gegenüber) angeregte. Wegen seiner sich wiederholenden Symmetrie galt das Muster als ideal für Textilien.

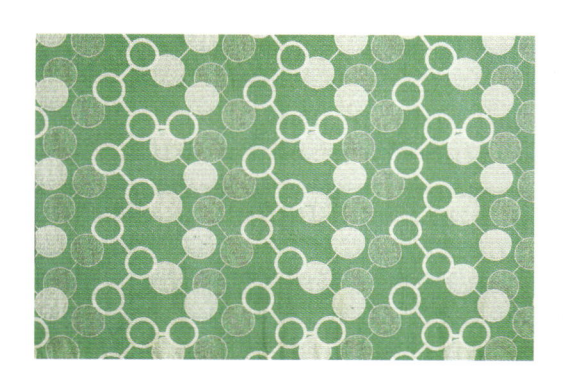

Baumwolle, England, 1951
Ein geometrisches, auf dem Atommodell der Kunstfaser Nylon beruhendes Muster liegt dem von Marianne Straub entworfenen Jacquarddekostoff „Helmsley" zugrunde. Die miteinander verbundenen Kreise stehen für verschiedene Atomarten.

Baumwolle, England, 1954
Die Mobiles oder kinetischen Objekte von Künstlern wie Alexander Calder lieferten die Inspiration für „Mobile", einen bedruckten Dekorationsstoff von June Lyon, der wohl auch von Joan Miró beeinflusst ist.

Psychedelische Muster

20. Jahrhundert

Psychedelische Muster sind verbunden mit der Gegenbewegung der Kunst in den 1960er-Jahren, die veränderte Bewusstseinszustände in Kunstwerken und Designprodukten veranschaulichten. Diese Arbeiten umfassten neben Schallplattencovern und Grafiken, Textilien und Keramiken auch jeden anderen Gegenstand, der sich mit einem Flächenmuster verzieren ließ. Die Designs zeichneten sich aus durch eine kaleidoskopartige Palette von „sich beißenden" und bisweilen grellen Farben sowie durch strenge Rapportmuster oder auch wirbelnde, freiere Entwürfe. Häufig abstrakt, spiegelten sie zuweilen ein Interesse an Revolution und sozialpolitischen Themen wider.

Farben auf Papier, Frankreich, 1960er-Jahre

Muster aus den 1960er-Jahren verbindet man insbesondere mit den realen oder imaginären Phänomenen im Zuge psychedelischer Erfahrungen. Sie zeigten abstrakte und unkoordinierte Designs sowie grelle, „sich beißende" Farben, die wie hier nebeneinandergesetzt wurden.

Baumwolle, England, 1964

Von Shirley Craven für die Hull Traders Ltd. gestaltet, mutet der im Siebdruckverfahren dessinierte Dekostoff „Division" (Trennung) wie eine Collage oder ein Gemälde mit großen Elementen an. Die mittels der kontrastierenden Farben und abstrakten Formen erzielte Wirkung verankert ihn in den 1960er-Jahren.

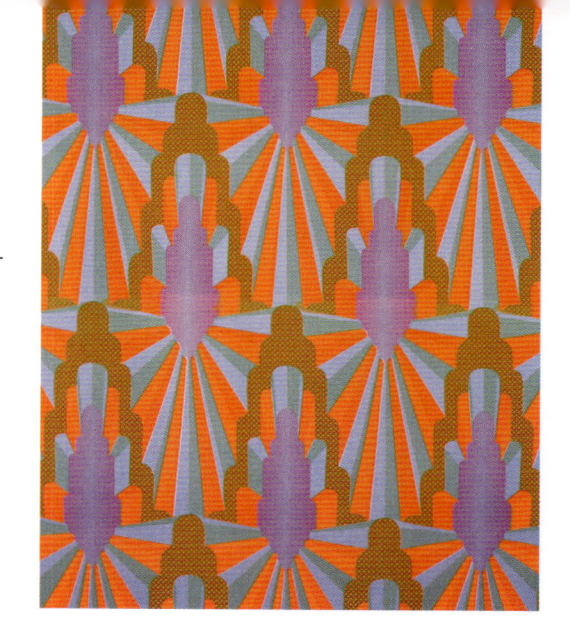

Baumwolle, England, 1968

Dieser Dekostoff gehört zu einer Kollektion namens „Stereoscopic" (Stereoskopisch). Ihre Muster basieren auf Diagrammen, wie sie Optiker für Farbenblindheitstests verwenden. Das Zikkuratmotiv und die knalligen Farben zeigen Anklänge an den Art déco.

Baumwolle, Großbritannien, 1969

Das Ende der 1960er-Jahre bescherte dem Design ein Art-déco-Revival. Bei dem bedruckten Dekostoff „Volution" (Schneckenwindung), einem Entwurf von Peter Hall für Heal Fabrics, imitieren die Fächerformen im Zentrum des Musters und die großen Voluten architektonische Ornamente der 1930er-Jahre.

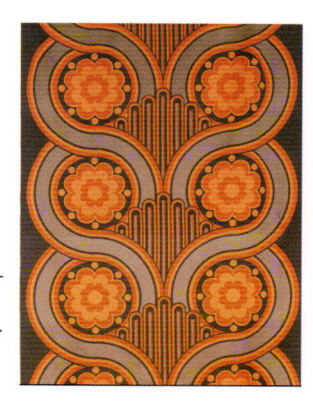

Baumwolle, England, 1968

„Circuit" (Schaltkreis), ein Einrichtungsstoff mit Siebdruckmuster, wurde von Eddie Squires für Warner & Sons entworfen. Das Dessin, möglicherweise inspiriert von Schaltkreisen, wie man sie in der modernen Technologie verwendet, illustriert aufs Schönste, wie eine neuartige Idee in ein lebhaftes, jedoch relativ konventionelles Rapportmuster umgesetzt werden kann.

Zeitgenössische Muster

21. Jahrhundert

Abstrakte Muster sind auch im 21. Jh. noch ein voller Erfolg und zeugen auf ganzer Linie vom Einfallsreichtum der Mustergestalter. Es gibt abstrakte oder stilisierte natürliche Motive, eine einfache, doch elegante Geometrie und witzige, ja sogar überraschende Sujets – stets kombiniert mit einer lebhaften Farbpalette. Die Bandbreite der Muster ist riesig, doch vielfach werden sie noch immer aus traditionellen Motiven und Stilen heraus entwickelt, wenn auch oft mit einem postmodernen Dreh. Da heute das Interesse an Mode und Inneneinrichtung größer ist denn je, hält die Nachfrage nach interessanten, neuen Mustern an. Die folgende Auswahl vermittelt eine Vorstellung von der Vielgestaltigkeit von Mustern, die ihre Existenz der kreativen Reaktion auf dekorative Reize verdanken.

Wasserdichte Baumwolle, England, 2006

Dieses Muster, in zahlreichen Variationen produziert und hier auf einer Einkaufstasche aus wasserdichter Baumwolle zu bewundern, stammt von Orla Kiely. Die auf ihre Grundform reduzierten Blätter, die sich zu mehreren an einem Stängel reihen, stellen eine extreme Abstraktion dar. Gepaart mit einer dynamischen Farbpalette, zeugt dieses Dessin von den Retroquellen der Designerin aus den 1960er- bis 1970er-Jahren.

Teppich, England, 2008
Handgefertigter Teppich aus Wolle, Seide und Bananenfaser, gestaltet von Margo Selby. Ihr individueller Umgang mit Farbe und das kraftvolle geometrische, auf einer runden Perlenform aufgebaute Muster stecken hinter dem Geheimnis dieses lebhaften Kunstwerks für den Boden.

Seide, England, 2008
Handbedruckte Doupionseide mit einer ungewöhnlichen Interpretation eines Dornenstrauchs, ein Entwurf von Clarissa Hulse. Das abstrakte Pflanzenmotiv rankt sich organisch über den Stoff und wirkt durch die luxuriösen Farben noch erlesener.

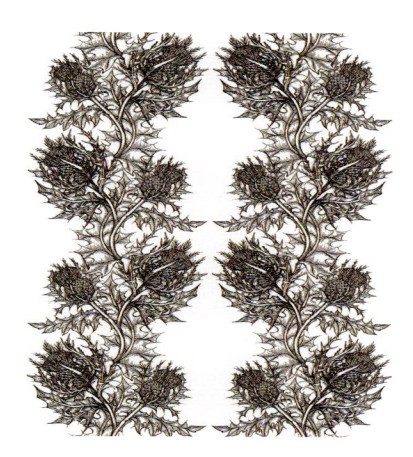

Leinen, England, 2008
Neisha Crosland schuf diesen eleganten Druck mit dem Namen „Gypsy" (Zigeuner). Im Mittelpunkt steht ein stilisierter Farnwedel, der sich vor den Augen des Betrachters zu entrollen scheint – ein überzeugender Beweis dafür, dass auch heute noch bei einem originellen Ansatz frische und aufregende Muster mit Naturmotiven möglich sind.

Spitze, Schottland, 2008
Eine neue Sicht auf traditionelle Baumwollspitze ist die Erklärung für die ausgesprochen kraftvolle und realistische Darstellung dieser exquisiten, naturgetreuen Disteln – dem schottischen Nationalsymbol – in einem vertikalen Rapportmuster. Die natürliche Farbgebung wurde sehr wirkungsvoll auf Schwarz und Weiß reduziert.

OBJEKTE Einleitung

Muster mit Abbildungen von realen Objekten gehören zu den bekanntesten Dekoren. Sie unterscheiden sich insofern von thematischen Mustern, als sie in der Regel keine Szenen oder Bilder darstellen, sondern einzelne Gegenstände. Um verschiedene Wirkungen zu erzielen, können Muster Objekte unverfälscht oder in einem gewissen Abstraktionsgrad wiedergeben. Dessins mit Objekten reichen von kleinen Rapportmustern mit alltäglichen Motiven wie Blumentöpfen und Schrauben bis zu großen, komplizierten architektonischen Kompositionen. Sie können ebenso gut als aktive Umsetzungen von Objekten im Gebrauch daherkommen wie als passive einfache, auf einem einzigen Motiv aufgebaute Rapportmuster.

Baumwolle, England, um 1805
Etwa von 1800 bis 1840 waren vor allem in den USA Chintzmuster in Mode, die ganze oder zerborstene klassische, oft mit Blumen, Bändern, Vögeln oder Körben voller Früchte geschmückte Säulen zeigten.

Baumwolle, Detail, Japan, 19. Jh.
Ausschnitt aus einem 284 x 278 cm großen Wandbehang mit Seidenstickerei, einer von vielen Arbeiten, die japanische Sticker für den westlichen Markt anfertigten. Jeder der verstreuten Fächer ziert ein eigenes bildhaftes Motiv.

Baumwolle, England, um 1937
Der Kleiderstoff „Surfers" (Surfer) zeigt eine dynamische Komposition, die aus auf Luftmatratzen surfenden Frauen besteht. In den 1930er-Jahren fand die Vorstellung von einem gesunden Leben im Freien großen Anklang. Mit ihren modischen weißen Badeanzügen, die wie die Matratzen mit den dunkelblauen Körpern und dem roten Wasser kontrastieren, entsprachen diese Figuren dem Trend.

Viskose, Frankreich, 1940er-Jahre
Mit seinem herrlich kuriosen Muster in Gestalt eines Regals voll fröhlich bemaltem Geschirr sorgt dieser Kleiderstoffentwurf für gute Laune. Indem die Objekte aus ihrem alltäglichen Kontext herausgelöst und zu einem Rapportmuster zusammengestellt wurden, entstand ein leuchtendes, eingängiges Design für einen modischen Stoff.

Viskose, Großbritannien, Mitte des 20. Jh.
Die Jacqmar Ltd. war bekannt für ihre patriotischen Schals und Tücher, deren Gestaltung ab 1941 verschiedene Aspekte des sich im Krieg befindlichen Großbritannien illustrierten. Der Stoff für dieses Kopftuch heißt „London Wall" (Londoner Mauer) und thematisiert die Slogans der Kriegspropaganda, wie sie auf den Mauern und Plakatwänden der Hauptstadt zu lesen waren.

167

Kalligrafie und Schrift

14. bis 20. Jahrhundert

Die Kalligrafie (wörtlich „schöne Schrift") ist seit Langem als eigenständige Kunstform anerkannt. Buchstaben bzw. Schriftzeichen sowie Schriftzüge treten besonders häufig bei islamischen Ornamenten und in großen Teilen des Fernen Ostens auf, darüber hinaus jedoch auch weltweit. Vor allem religiöse Texte werden oft in einem religiösen Akt in islamische Textilien integriert – die arabische Schrift, in der der Koran abgefasst ist, eignet sich optimal für die Einbeziehung in komplexere Muster. In China gilt die Kalligrafie auf Papier als eine Kunstform. Infolgedessen ist ihre Übertragung auf Stoff nicht weiter verwunderlich, insbesondere, da ein einzelnes Symbol sowohl als schriftliche Mitteilung fungieren kann als auch als Ornament.

Seide, Spanien, spätes 14. Jh.
Bahn eines gewebten spanisch-marokkanischen Lampasstoffs mit alternierenden Bändern, die Kalligrafie und florale Motive aufweisen. Der Satz „Ruhm und Ehre unserem Herrn, dem Sultan" wiederholt sich im breitesten Band, wodurch der Eindruck eines langen Frieses mit Kalligrafie entsteht.

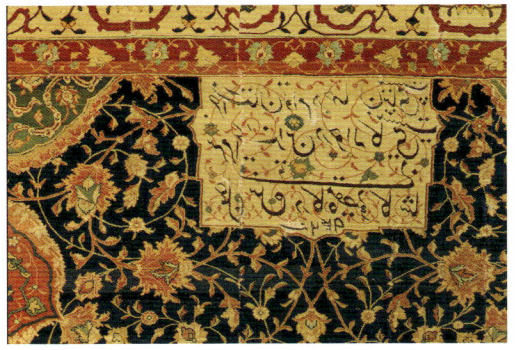

Teppich, Detail, Persien, Mitte des 16. Jh.
An einem Ende des berühmten Ardebilteppichs findet sich ein kleines Feld mit Schriftzeichen, das seine Fertigstellung auf das Jahr 946 muslimischer Zeitrechnung datiert (1539/40 in christlicher). Ähnlich der Signatur eines Künstlers auf einem Gemälde nennt es ferner den Namen des für die Herstellung des Teppichs verantwortlichen Mannes: Maqsud Kashani.

Baumwolle, Frankreich, 1886
Bei diesem bedruckten Kleiderstoff sind die Buchstaben bis zu einem Punkt stilisiert, wo man sie nicht mehr auf Anhieb lesen kann. Ferner sind sie so platziert, dass sie den Stoff hinunterzupurzeln scheinen. Durch kleine, an schwebende Blätter erinnernde Voluten wirkt die Gestaltung noch lebhafter.

Seide, China, spätes 19. Jh.
Als lebensspendende Farbe ist Rot in China von enormer Bedeutung, weshalb die Wahl von Purpurrot für dieses festliche Banner nicht überrascht. Das chinesische Schriftzeichen für „Langes Leben" ziert in Goldstickerei die Mitte des Feldes und wird flankiert von den Namen derer, die für diese Arbeit spendeten.

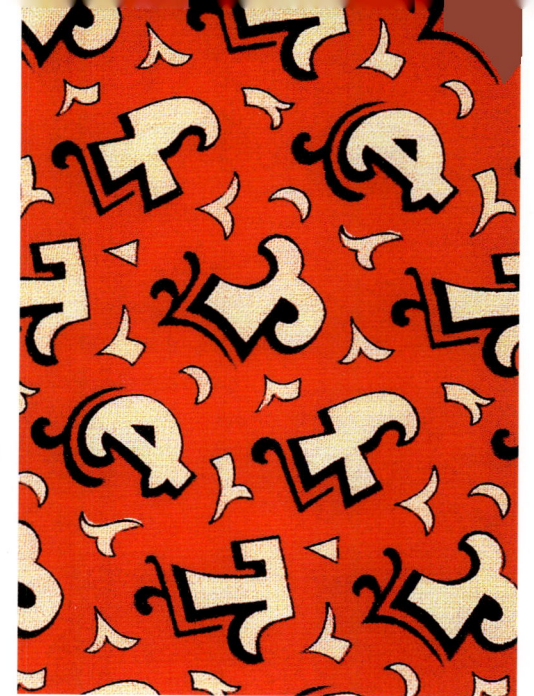

Baumwolle, England, frühes 20. Jh.
Das regelmäßige Muster aus von ägyptischen Motiven und Hieroglyphen überlagerten Längsstreifen dieses im Rouleauxdruckverfahren dessinierten Dekostoffs lässt das breite Interesse am alten Ägypten erkennen, das durch die Entdeckung von Tutanchamuns Grab im Jahr 1922 geweckt wurde.

Häusliche Objekte

19. bis 20. Jahrhundert

Alltagsobjekte dienen Künstlern mindestens seit Ende des 19. Jh. als Inspirationsquelle, sind bei Textilien jedoch seltener anzutreffen als bei anderen künstlerischen Arbeiten. Trotzdem haben verschiedene Haushaltsgegenstände Einzug in Stoffmuster gehalten. Eine Art unbekümmerter Belustigung ist diesen Designs zu eigen, deren gewöhnliche – wenn nicht sogar banale – Motive aus ihrem üblichen Kontext herausgelöst und in ein Rapportmuster übertragen wurden. Manche Objekte sind weiterhin auf den ersten Blick erkennbar, andere relativ stark abstrahiert.

Seide, Japan, 19. Jh.
Mit drei goldenen Fächern besticktes und bemaltes *fukusa* oder Einwickeltuch für Geschenke. In Japan galten Fächer traditionell als Schutz gegen das Böse. Es ist eine vergnügliche Idee, dass die Fächer, selbst Alltagsgegenstände, als Rahmen für andere Alltagsobjekte dienen – einen Rechen und einen Besen, die womöglich noch gewöhnlicher sind.

Baumwolle, Frankreich, 1887
Dieser im Rouleauxdruckverfahren dessinierte Kleiderstoff mit seinen Spielkarten und Würfeln zeigt, auf welche ausgefallenen Motive Textildesigner zurückgreifen müssen, um die Nachfrage nach immer neuen Mustern zu erfüllen.

Seide, USA, 1927
Der Fotograf Robert Steichen entwarf dieses ungewöhnliche, abstrakte Dessin unter dem Namen „Mothballs and Sugarcubes" (Mottenkugeln und Würfelzucker). Letztendlich für einen Kleiderstoff verwendet, beruht das Design auf einer Aufnahme der genannten Objekte, die für ein formalisiertes Motiv in Schwarz, Grau und Weiß aus verschiedenen Winkeln beleuchtet wurden.

Baumwolle, Großbritannien, 1946
Gepäck und Strandschirme bestimmen die Szene bei diesem im Siebdruckverfahren bemusterten Kleiderstoff mit seinem unbeschwerten Urlaubsmotiv. Koffer und Taschen sind recht detailliert gezeichnet, aber der vertikale Rapporthalbversatz ist extrem einfach und unkompliziert.

Synthetikfaser, Japan, 1978
Kleines bedrucktes Stoffstück aus einem Musterbuch mit einem Dessin aus leicht geöffneten Bambusschirmen *(wasaga)* in einem regelmäßigen, rhythmischen Rapport. Durch die unaufgeregte Anordnung dieses so vertrauten Gegenstandes mutet der Entwurf angenehm schlicht an.

Maschinen und Werkzeug

19. bis 20. Jahrhundert

Man könnte denken, Werkzeuge und Maschinen seien eine recht industrielastige und unangemessene Basis für textile Muster, doch diese Annahme wird durch zahlreiche gelungene Beispiele widerlegt. Die folgende Auswahl vermittelt eine Vorstellung von der unglaublichen Vielfalt solcher Dessins, von schweren architektonischen Komponenten bis hin zu filigranen französischen Kreationen, die die winzigen Bestandteile großer und kleiner Uhren feiern. Viele dieser Muster könnte man als abstrakt auffassen, da die dargestellten Objekte so weit vereinfacht sind, dass sie nur noch als kleine Rapportmuster fungieren. Allerdings macht der Versuch, sie zu identifizieren, einen Teil des Vergnügens aus.

Baumwolle, Frankreich, um 1880

Es gibt nichts, was zu exzentrisch wäre, um von Mustergestaltern für ihre Entwürfe verwertet zu werden. Das illustriert dieser im Rouleauxdruckverfahren bemusterte modische Kleiderstoff. Er zeigt eine sauber gemauerte Hauswand mit regelmäßigen Fensterlaibungen, ferner ein Rapportmuster aus rot hervorgehobenen, S-förmigen Eisenverankerungen, die die Wand stabilisieren.

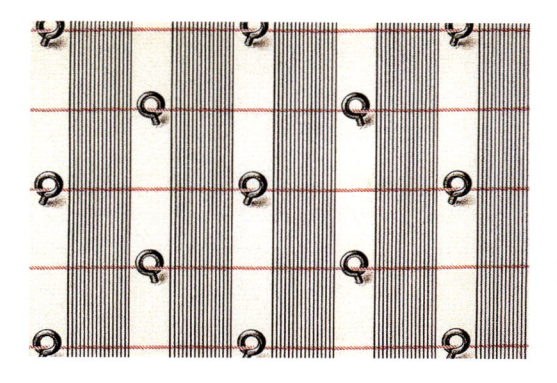

Baumwolle, Frankreich, 1888
Im Rouleauxdruckverfahren erzeugtes Muster aus Längsstreifen mit sehr präzise wiedergegebenen, dreidimensionalen Schraubösen, durch die ein roter Faden läuft. Die optische Illusion ist ausgesprochen gelungen, ebenso der entstandene Rastereffekt.

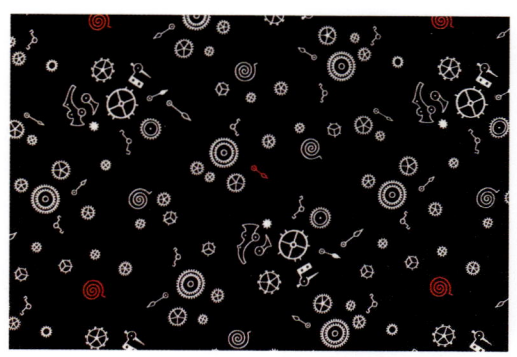

Unbekanntes Material, Frankreich, 1937
Klar identifizierbare Uhrenbestandteile sind hier scheinbar wahllos in einem filigranen Muster über den Stoff verteilt. Die abstrakten Formen, die infolge der Trennung der verschiedenen Uhrenteile entstanden sind, scheinen recht surreal im Raum zu schweben.

Unbekanntes Material, Frankreich, 1937
Einfaches, unregelmäßiges Rapportmuster mit Scheren, das durch die übergroßen, schwach schimmernden Schatten der Werkzeuge belebt wird. Die Wahl einer Schneiderschere als Motiv für einen Stoff, der irgendwann mit ebendiesem Werkzeug zerschnitten wird, zeugt von leisem Humor.

Unbekanntes Material, Frankreich, 1938
Zahnräder in rauen Mengen überlagern sich bei diesem Druck und bekunden das zeitgenössische Interesse an Geschwindigkeit und Bewegung, ein Kennzeichen des Art déco, der zu diesem schon recht späten Zeitpunkt ebenso als Inspirationsquelle für ganz gewöhnliche Drucke diente wie für luxuriösere.

Spielzeug

19. bis 20. Jahrhundert

Das Spektrum der von Musterdesignern verwendeten Spielzeugmotive hat sich im Laufe der Zeit mit den veränderten Vorlieben in puncto Spielzeug gewandelt. Ebenso wie andere Objekte, kann auch Spielzeug stilisiert oder naturgetreu dargestellt werden, meist spielen jedoch Form und Farbe die entscheidende Rolle. Unabhängig von der Art ihrer Gestaltung, ob mit eleganten Rapporten oder scheinbar planlos durcheinandergewürfelten Elementen, wirken Stoffe mit Spielzeugmotiven stets verspielt und attraktiv. Eine gewisse Ironie kommt ins Spiel, wenn ein Objekt, das man mit Kindheit und Einfachheit verbindet, für einen raffinierten Erwachsenenstoff herangezogen wird.

Wolle, Detail, Frankreich, 1887
Dieses Muster stammt zwar von einem Damenschal, aber die Züge, die am Rand entlangfahren, sind eindeutig aus Kinderspielzeug angeregt. In der Mitte des Schals findet sich ein lebhaftes Arrangement aus Flaggen und Signalen, wie man sie mit der Eisenbahn verbindet. Der ganze Entwurf zeichnet sich aus durch kräftige und eindrucksvolle Farbkontraste.

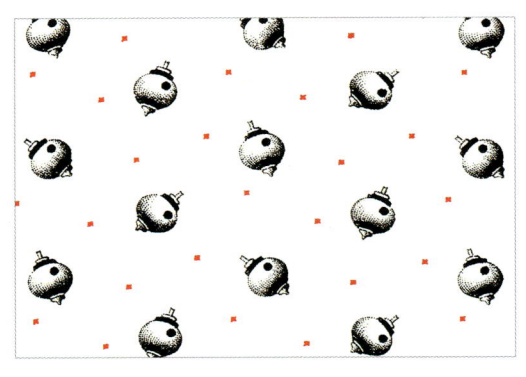

Baumwolle, Frankreich, 1888
Ein früher, im Rouleauxdruckverfahren bemusterter Stoff, der allerdings modern anmutet. Was als ordentliches und recht elegantes Rapportmuster daherzukommen scheint, lohnt eine nähere Betrachtung: Regelmäßige rote Tupfen mischen sich zwischen schlichte, schattierte Kinderkreisel, die in unterschiedlichem Winkel über die Fläche verteilt sind.

Stoffentwurf, Frankreich, 1930er-Jahre
Dieser Stoff für Kinderkleidung versammelt in sich diverse Spielsachen und Spiele der damaligen Zeit. Das leuchtend bunte Spielzeug purzelt über und durch die Buchstaben des Alphabets im Hintergrund den Stoff hinunter.

Viskose, England, 1936
Der bedruckte Krepp „Fun & Games" (Spiel & Spaß) weckt mit seinem lebhaften und vergnüglichen Muster aus Fahnen und Laternen, Wimpeln und Miniatur-Schießstand Erinnerungen daran, wie viel Spaß man auf dem Jahrmarkt hat.

Baumwolle, Finnland, 2008
„Pikku Bo Boo", ein Muster von Katsuji Wakisaka für die finnische Firma Marimekko, schmückt eine ganzen Reihe von Kinderprodukten, so auch diesen Bettbezug. Die großen Lastwagen, Busse und Autos in kräftigen, leuchtenden Farben erinnern an Spielzeug für Kleinkinder.

Gärten

17. bis 20. Jahrhundert

Die große Sympathie, die viele Menschen für Blumen und Pflanzen hegen, erstreckt sich zweifelsohne auch auf Gärten und ihre Darstellungen. Die folgende Auswahl zeigt Gartenmuster, deren Bandbreite von kleinen Motiven bis zu grandiosen Gärten reicht. In ihrer symbolischen Bedeutung repräsentieren sie vor allem in den Kulturen des Nahen Ostens sowohl das irdische Paradies im Zentrum des Kosmos als auch das himmlische Paradies. Mit ihren natürlichen Motiven und formalen wie zwanglosen Anordnungen bieten Gärten eine ideale Inspirationsquelle für Mustergestalter.

Wolle, England, um 1600–1620

Handgeknüpfte Arbeit mit verschiedenen Blumenarten, die jeweils von einem eigenen, auf Säulen ruhenden Bogen überspannt sind. Ringelblumen, Wein, Stiefmütterchen, Rosen und Erdbeerpflanzen wie hier waren in englischen Gärten des 17. Jh. gang und gäbe. In ihrer steifen Anordnung erinnern sie an Boskettgärten der Tudorzeit.

Leinen, England, um 1710–1720
Dieser in Seide und Wolle bestickte Canvas-Wandbehang, der auch applizierte Details beinhaltet, präsentiert Szenen aus Stoke Edith, Herefordshire, wo man formale Gärten im angloniederländischen Stil des späten 17. Jh. anlegte. Das große Format und die herausragende Qualität des Stücks deuten auf die Arbeit eines Profis hin.

Leinen, Osmanisches Reich, 19. Jh.
In Seide und Metallfaden gestickt, ziert dieses Handtuch oder Serviette ein formales, sich wiederholendes Motiv aus alternierenden rosafarbenen Obst- und Zitronenbäumen in blauen Töpfen mit Golddekor. Kleine dreieckige, mit goldenen Früchten beladene Bäume trennen die großen Motive voneinander.

Baumwollsatin, England, um 1923
Dekostoff mit einem unregelmäßigen Muster aus Gartenmotiven. Umgeben von blauen Gittern und hellorangen Wegen, wachsen in Pflanzgefäßen verschiedene exotische Pflanzen und Obstbäume. Die unnatürliche Farbgebung ist typisch für den Art déco.

Viskose, England, 1954
Ein typisches Motiv der 1950er-Jahre überlagert das Schachbrettmuster, das den Hintergrund des im Rouleauxdruck aufgebrachten Musters dieses Dekorationsstoffs bildet. Das Ergebnis wirkt klar und heiter und mutet im Gegensatz zu der oft dunklen oder eleganteren Farbpalette der vorausgegangenen Dekade frisch und modern an.

Architekturmotive

16. bis 20. Jahrhundert

Ob als naturgetreue Abbildungen von Gebäuden oder als erfundene, stilisierte oder abstrakte Motive, die Architektur und ihre Komponenten haben das Potenzial für interessante textile Designs. Hinsichtlich der Mustergestaltung können architektonische Elemente als einfache Rapporte identischer Muster, als individuelle „Bilder" oder als mannigfaltige, weniger streng geordnete Darstellungen architektonischer Szenen verwendet werden. Das Spektrum der Möglichkeiten ist enorm und wird durch die folgenden Beispiele nur punktuell beleuchtet.

Seide und Leinen, Italien, 16. Jh.
Gewebte Serviette mit einem Banddekor aus Löwen, floralen Motiven, Vasen und – was am auffälligsten ist – architektonischen Motiven in Gestalt kunstvoller Schlösschen oder Pavillons. Diese Arbeit wurde zwar als Serviette genutzt, solche Stücke dienten aber oft auch zum Bedecken des Hauptgedecks bei Tisch.

Throndecke, Detail, Indien, 18. Jh.
Ein herrlich besticktes Werk, das bunte Metallfäden beinhaltet und wohl als Throndecke oder *takhtposh* verwendet wurde. Dieser Ausschnitt des Mittelfeldes zeigt eine Landschaft mit schönen, relativ detailliert dargestellten Gebäuden. Auf dem Band, das sich diagonal über die Decke erstreckt, fahren Schiffe und schwimmen Vögel im Wasser.

Baumwolle, Osmanisches Reich, 19. Jh.
Das Rapportmuster auf der Bordüre dieses Handtuchs ist typisch für osmanische Entwürfe für ähnliche Haushaltsgegenstände. Hier alternieren hohe Gebäude mit Bäumen und Gärten.

Seide, Detail, Japan, 19. Jh.
Einwickeltuch für Geschenke *(fukusa)* mit Seidenstickerei. Die Szene mit Inselschloss und Brücke ist in exquisiter Goldstickerei ausgeführt, die sich gegen den tiefblauen Grund besonders eindrucksvoll abhebt.

Leinen, Frankreich, 1920er-Jahre
Art-déco-Muster des Architekten und Designers Pierre Chareau. Die im Modeldruck aufgebrachten Motive in Grau, gedecktem Braun und Gelb erzeugen eine beinahe surrealistisch anmutende Landschaft, in der man Gebäude und Schornsteine erkennt. Die Rapporte führen den Blick diagonal über das Bildfeld.

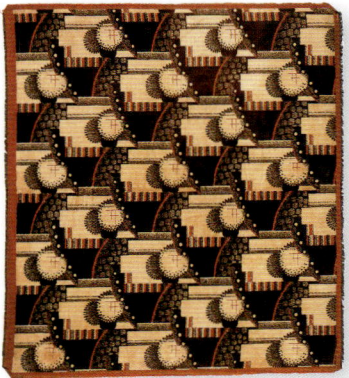

Baumwolle, Frankreich, um 1925–1930
Auf den ersten Blick erscheint das Dessin dieses gewebten Plüsch-Möbelstoffs abstrakt, auf den zweiten wie die Luftaufnahme einer modernen Wohnsiedlung, in der sich alle Einheiten sowohl auf dem Boden als auch im Muster wiederholen.

Architekturmotive

Viskose, England, 1936
Dieses Tuch mit seinen aufgedruckten Medaillons, die Londoner Touristenattraktionen ins rechte Bild setzen, entstand anlässlich einer Krönung, die niemals stattfinden sollte – der von Edward VIII. im Jahr 1936. Das zeitlos schöne Muster wäre sicher der Favorit für die verschiedensten Souvenirartikel gewesen.

Baumwolle, Großbritannien, um 1950–1954
Bei diesem Kleiderstoff mit Siebdruckmuster handelt es sich um einen Entwurf des Ascher Studios in London. In einer mediterranen Hafenszene sind in den blauen Streifen zwischen den Häuserreihen kleine Boote unterwegs, die als Füllmuster dienen. Die leuchtenden Farben erinnern an Griechenland oder Italien, der Rapport ist jedoch einfach und geht über das Übliche nicht hinaus.

Baumwolle, England, 1952
Von Mary Oliver gestalteter Dekostoff mit rapportierendem Siebdruckmuster, das dem gleichen Thema gewidmet ist wie das Beispiel auf der linken Seite: einem italienischen Küstendorf mitsamt im Hafen liegenden Booten. Das Design ist hübsch und unkompliziert. Die dargestellte „exotische" Landschaft war in den 1950er-Jahren für die meisten Briten jedoch unerreichbar.

Baumwolle, England, 1994
„Forum of Frescoes" (Forum der Fresken) heißt dieser Siebdruck, entworfen und gefertigt von der Timney Fowler Ltd. Er ist ein gutes Beispiel für den witzigen Umgang mit traditionellen Kunst- und Architekturelementen, die neben ein Rapportmuster mit lebhafter Komposition und Farbgebung gesetzt sind und zugleich von ihm überlagert werden.

Luft- und Raumfahrt

20. Jahrhundert

Von den glamourösen Innovationen der 1920er- und 1930er-Jahre bis zum alltäglichen Transportmittel am Ende des 20. Jh. wurde die Luftfahrt von Designern in einer Vielfalt von Stoffen zelebriert. Auch heute noch haftet ihr etwas Aufregendes an. Eine dunklere Seite der Luftmacht stellt der Kriegseinsatz von Flugzeugen dar, und auch dieser Aspekt wurde von Mustergestaltern nicht ignoriert. Neben Dessins mit Flug- und Flugzeugmotiven gibt es solche, die der Raumfahrt gewidmet sind. Vor allem in den 1960er- und 1970er-Jahren griffen Entwürfe von Textilien die Faszination für die Raumforschung auf und schufen sowohl fantasievolle als auch realistische Entwürfe, von denen viele auch gut in Kinderzimmer passen würden.

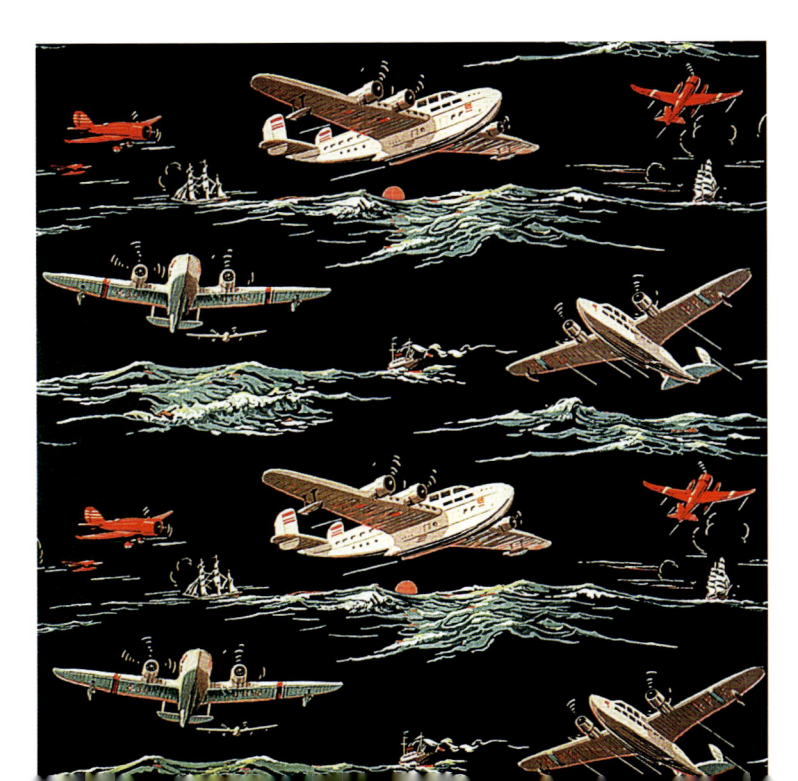

Baumwolle, USA, 1930er-/1940er-Jahre
Ein bemerkenswertes Muster, das sich mit Transport befasst und einen großartigen Eindruck von Bewegung vermittelt. Das majestätische Flugzeug und sein kleiner roter Begleiter lassen Dampfer wie Segelboote zwergenhaft klein erscheinen.

Leinen und Viskose, England, 1938
„Aircraft" (Flugzeug), ein von Marion Dorn gestalteter Einrichtungsstoff mit Siebdruckmuster. Die leicht bedrohlich wirkenden, farbenprächtigen Vögel bzw. Flugzeuge orientieren sich in ihrer Gestalt an dem uralten kaiserlichen Symbol des Adlers. In diesem Stoff waren die Möbel in der Lounge des Ozeanriesen *Orcades* bezogen.

Baumwolle, England, 1941
„Victory V" (V für Sieg) ist der Name dieses Stoffs, der nur so strotzt vor Patriotismus und bezeichnend ist für die Stoffe, die während des Zweiten Weltkriegs – vorwiegend für Bekleidung – produziert wurden. Die Dreiergruppen aus Tupfen und die Striche in der Bordüre dazwischen repräsentieren das Morsezeichen für „Sieg".

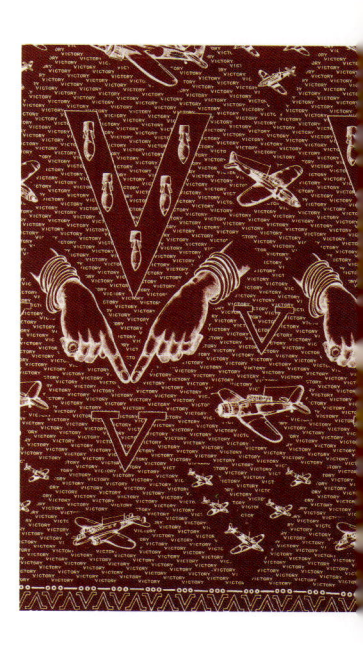

Baumwolle, England, 1969
Sue Palmer entwarf den mehrfarbigen Druck „Space Walk" (Weltraumspaziergang) für Warner & Sons. Das spiegelbildliche Rapportmuster greift das Interesse und die Begeisterung auf, die das nie da gewesene Ereignis der Raumfahrt damals auslöste.

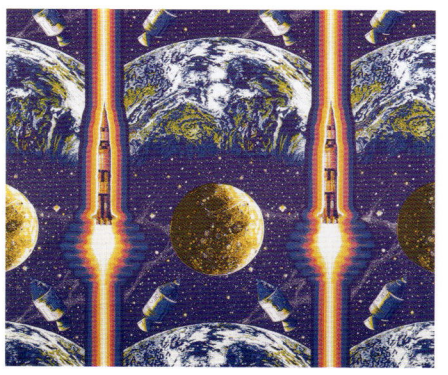

Baumwolle, England, 1970
Der im Siebdruckverfahren dessinierte Dekostoff „Lunar Rocket" (Mondrakete) erinnert an die Mondlandung von 1969. Heute genießt das unkomplizierte Rapportmuster mit seinen von gezündeten Raketen flankierten Planeten Erde und Mond Kultstatus als Designklassiker, zu seiner Zeit war es jedoch ein kommerzieller Flop.

183

RASTER UND STREIFEN

Einleitung

Streifendessins aus geraden Linien, die vertikal oder horizontal platziert sind oder sich wie bei einem Raster in unterschiedlichem Winkel kreuzen, zählen zu den einfachsten Musteranordnungen. Dieser Abschnitt untersucht neben einfachen Streifen- und Würfelmustern auch komplexere Panamamuster, Schottenkaros und Blockkaros sowie weitere Rastermuster. Die Verwendung von Rastern als unterliegende Musterstruktur wird in einigen Fällen durch die Webtechnik unterstrichen, in der Karos als ein natürlicher Effekt angelegt sind, in anderen durch die Anforderungen des Mustergestalters.

Baumwolle, Frankreich, um 1810–1820

Für einen Kleiderstoff konzipierter Modedruck mit Rapportmuster mit drei unterschiedlichen Elementen. Das erste besteht aus einer Gruppe benachbarter vertikaler Wellenlinien, das zweite aus einer Gruppe feiner Wellenlinien zwischen den erstgenannten Elementen, das dritte aus stilisierten, die feinen Wellenlinien überlagernden Pflanzenformen. Das Dessin hat etwas von einer optischen Illusion, denn wenn man es betrachtet und dann den Blick davon löst, scheint es sich zu bewegen.

Wolle, Tunesien, um 1850
Ursprünglich wurde diese gewebte Decke auf der Weltausstellung von 1851 im Londoner Kristallpalast ausgestellt. Einzelne Streifen, die verschiedene dekorative Motivfelder und Rauten enthalten, sind jeweils durch einen breiten Streifen einfarbigen Grundes voneinander getrennt, der wiederum durch einen Streifen halbiert wird.

Baumwolle, USA, 1860er-Jahre
Die Verwendung von Flecht- oder Gittermustern für rasterähnliche Strukturen ist aus der textilen Mustergestaltung nicht wegzudenken. Dieser Druck greift die Idee auf und schafft die Illusion einer geflochtenen oder ineinandergreifenden Fläche, die zwischen den Gurten kleine Lücken aufweist.

Baumwolle, Japan, 19. Jh.
Dieses Detail einer *yogi* (Bettdecke) wurde aus *sarasa*-Stoff hergestellt. Unter *sarasa* versteht man mittels Modeldruck und Wachsreservierung bemusterte, aus Indien und Südostasien nach Japan importierte Gewebe. Das einfache Rastermuster wird durch die aufgebrachten Verzierungen belebt.

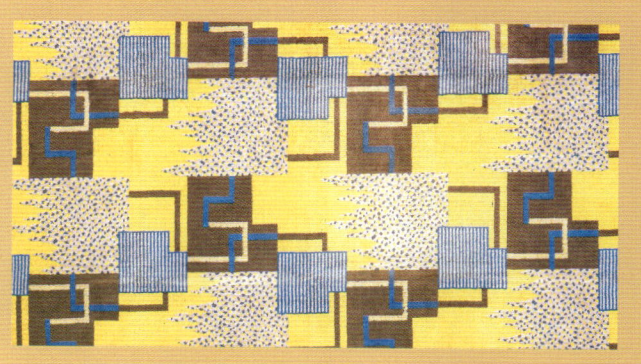

Baumwolle, Frankreich, um 1925
Möbelbezug aus Plüsch mit einem interessanten Netzmuster aus drei großen Rechtecken, die sich in Gestalt und sonstigem Aussehen voneinander unterscheiden und durch Linien zu einer sich wiederholenden Struktur verbunden sind. Die kreuz und quer verlaufenden Linien betonen das übergeordnete Raster.

Einfache Streifenmuster

19. bis 21. Jahrhundert

Obwohl sie zu den einfachsten Dessins gehören und von Musterdesignern oft stiefmütterlich behandelt werden, können Streifen durchaus spannend sein. Unter Streifenmustern versteht man zum einen Gestaltungen, bei denen Motive zu vertikalen Streifen angeordnet sind, zum anderen solche aus regelmäßigen, meist vertikalen Streifen in alternierenden Farben. Streifen können in jeder beliebigen (sinnvollen) Breite und jeder passenden Farbkombination gestaltet werden. Bei Deko- und Modestoffen zählen sie nach wie vor zu den Lieblingsmustern.

Baumwolle, Westafrika, 19. Jh.
Im Streifenmuster bestickte Robe. Das Dessin ist in Westafrika weitverbreitet. Bei diesem Beispiel aus Liberia entstand durch die simple Platzierung von Rauten innerhalb von Streifen ein reizvoller Effekt. Längsstreifen betonen die Körpergröße.

Seide, Detail, Ostturkestan, spätes 19./frühes 20. Jh.
Dieses Detail eines Knopfverschlusses an einer Robe zeigt einen purpurroten, mit prunkvollen goldenen doppelten Paisleymotiven verzierten Damast, der auf einen bunt gestreiften Untergrund aufgenäht ist. Die leuchtenden Farben der Streifen beherrschen das Muster.

Leinen, England, 1930er-Jahre

Der Modeldruck „Pointed Pip" (Spitzer Kern) ist sichtlich beeinflusst vom Linolschnitt, der von Phyllis Barron und Dorothy Larcher in den 1920er- und 1930er-Jahren entwickelt wurde. Die gezackten Kanten der Streifen sind verantwortlich dafür, dass sich das Muster bei Betrachtung leicht zu bewegen scheint.

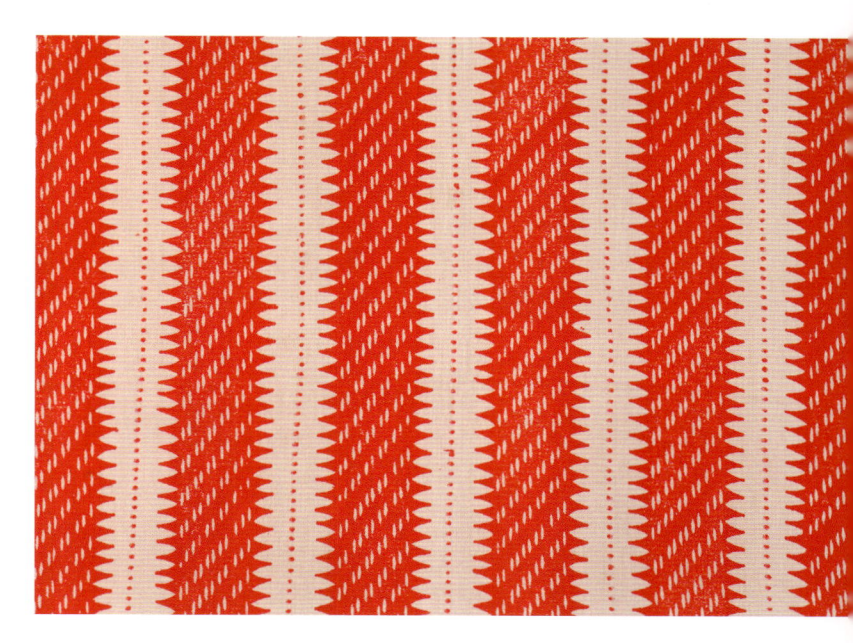

Baumwolle, England, 1954

Scottie Wilson, ein Vertreter der sogenannten Außenseiterkunst, war berühmt für seine simplen botanischen Motive. Sein Entwurf mit dem passenden Namen „Scottie Stripe" (Scottie-Streifen) zeigt ein Siebdruckmuster mit stilisierten Vögeln auf Felsen und Wasser.

Polyester, Leinen, Seide und Lurex, England, 2008

Bei Drell denkt man gewöhnlich an einen praktischen, schwarz-weiß gestreiften Matratzenstoff. Diese Luxusversion mit Seiden- und Metallicgarnen spielt mit der Wahrnehmung des Materials als einfachen Stoff für den täglichen Gebrauch und präsentiert ihn, bis zur Unkenntlichkeit verwandelt, in überaus verschwenderischer Gestalt.

187

Kombinationen

19. bis 20. Jahrhundert

Streifenmuster verbindet man häufig mit recht bescheidenen und stark beanspruchten Textilien wie Drell für Matratzenbezüge und mit Geschirrtüchern. Streifen dienen jedoch auch als Grundlage für eine Fülle von anderen Dessins wie Chevron- und Würfelmuster oder Schottenkaros. Bisweilen trifft man auf sehr raffinierte Streifenstoffe, vor allem, wenn Streifen mit anderen eingewebten Details oder dezenten Garnfarben kombiniert werden. Von ihrer besten Seite zeigen sich Streifenmuster oft auf relativ glatten Flächen wie Wänden, Tagesdecken oder Raffrollos.

Seide, Indien, spätes 19. Jh.
Dieser Stoff aus Benares in Uttar Pradesh heißt *charkhana sangi*, eine Anspielung auf sein schwaches, dezentes Karomuster. Die dominanten Längsstreifen werden durch die zurückhaltenden Querstreifen in ihrer Wirkung abgemildert.

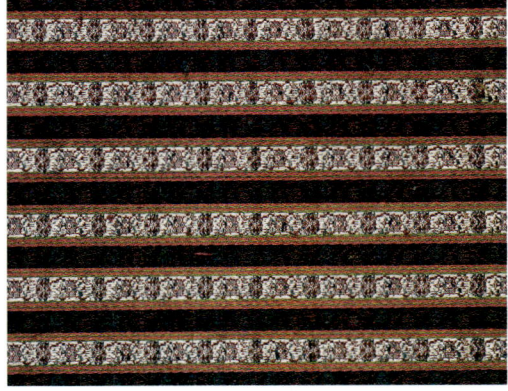

Seide und Baumwolle, Persien, um 1876
Bei dieser kunstvoll gewebten Arbeit sind verschiedene Streifen versammelt: Einfarbige wechseln sich ab mit gemusterten, die florale Motive zeigen. Die starke Betonung der Horizontalen bringt das Charakteristische des Webprozesses gut zum Ausdruck.

Baumwolle, England, 1921
Im Rouleauxdruckverfahren dessinierter Art-déco-Einrichtungsstoff. Ein Mix aus geometrischen Formen wie kräftigen vertikalen Linien, Quadraten, Kreisen und vertikal ausgerichteten weißen Rechtecken mit orangefarbem Karoraster ergibt auf dem hellblauen Fond ein regelmäßiges Muster.

Leinen, Schweden, 1956
Astrid Sampe gestaltete diesen schlichten Dekostoff mit Siebdruckmuster für das schwedische Einzelhandelsunternehmen Nordiska Kompaniet. Mit seinem vertikalen, an Bambus erinnernden Dessin ist er ein gutes Beispiel für einen typischen einfachen, doch eleganten Entwurf aus Schweden.

Baumwolle, England, 1960er-Jahre
„Intermission" (Unterbrechung), ein von Barbara Brown für Heal Fabrics entworfener Dekorationsstoff. Das Dessin, eine modernere Umsetzung eines Streifenmusters, zeigt schwere, dunkle Längsstreifen, die von Kreisen verschiedener Größe überlagert sind. Die Farbgebung verortet die Arbeit fest in den 1960er-Jahren.

Kleine Karos

19. Jahrhundert

Bei klein karierten Mustern handelt es sich um Dessins aus sich kreuzenden horizontalen und vertikalen Streifen in einer oder mehreren Farben, die eingewebt oder aufgedruckt sein können. Das einem klein karierten Muster zugrunde liegende Raster besteht in der Regel aus gleichen vertikalen und horizontalen Streifen, wogegen Schottenkaros oft unterschiedlich breite Streifen aufweisen. Japanische Designer stehen in einer Tradition von interessanten klein karierten Mustern, die bis ins 18. Jh. zurückreicht. Einige klein karierte Entwürfe sind inzwischen so etabliert, dass sie über eigene Namen verfügen. Dazu zählen das Scottish-District-Karo, das gelegentlich mit kontrastierenden Überkaros gefertigt wird, und das Buffalokaro, das Blöcke aus zwei oder drei kontrastierenden Farben beinhaltet.

Baumwolle, Japan, 19. Jh.
Dieser japanische Baumwollstoff wurde mit zum Teil vorgefärbten Garnen *(kasuri)* in einer Kombination aus Streifen und kleinen Karos gewebt. Er erinnert entfernt an ein schottisches Tartanmuster. Die filigranen, darübergelegten Häkchenmotive und doppelten Rechtecke sorgen für feine Details.

Baumwolle, Fragment, Japan, 19. Jh.
Leinwandbindiger Streifenstoff aus der japanischen Provinz Tamba. Dieses Stofffragment in blassem Braun mit schwarzen, weißen und blauen Streifen ähnelt gewissen Gebrauchstextilien, wie sie in westlichen Ländern produziert werden. Die schmalen, sich wiederholenden Querstreifen wirken der Betonung der Vertikalen etwas entgegen.

Baumwolle, Frankreich, um 1810–1820
Inspiriert von den traditionellen Trachten aus der Provence mit ihren typischen leuchtenden Farben und Streifenmustern, wartet dieser Kleiderstoff mit einem dezenten klein karierten Effekt auf, der zustande kommt, indem gerade Längsstreifen und breite horizontale Wellenlinien sich kreuzen.

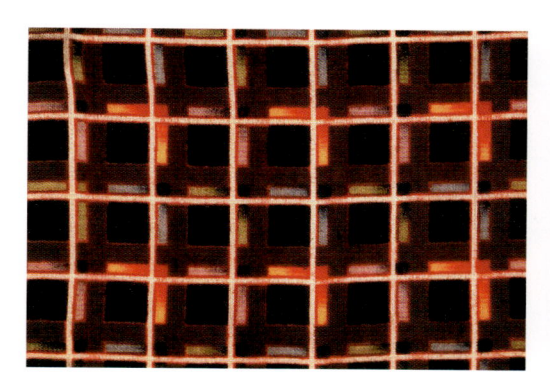

Wolle, Frankreich, um 1850
Chaly-Kleiderstoff mit einem aufgedruckten kleinen Karomuster, das ein Webmuster imitiert. Durch die Formen in den oberen Ecken der Hauptquadrate erhält das Motiv eine leicht dreidimensionale Wirkung.

Baumwolle und Seide, Indien, 1872
Diese gewebte Tagesdecke stammt aus der Provinz Belutschistan, heute zu Pakistan gehörig. Mit ihren kräftigen Längsstreifen gewinnt sie ihren Reiz durch die helleren Querstreifen, die im Zusammenspiel mit den Längsstreifen ein zartes klein kariertes Muster ergeben. Der Kreuzungspunkt jedes Quadrats wird betont durch ein kleines Motiv aus einem Quadrat in einem Kreis.

191

Flecht- und Gittermuster

19. bis 20. Jahrhundert

Der Unterschied zwischen Flecht- und Gittermustern ist mitunter recht verschwommen, da normalerweise beide Typen als geometrisches Raster aus über- und untereinander hinwegführenden Reihen konstruiert werden. Beim Flechten handelt es sich um eine uralte Tradition, die deutliche Verbindungen zum Weben aufweist. Als Stoffdessin können Flecht- und Gittermuster einen Trompe-l'œil-Effekt anstreben, bei dem die Streifen scheinbar miteinander verwoben sind, sie müssen es aber nicht. In der Regel verfügen sie über Merkmale, durch die sie raffinierter sind als einfache gekreuzte Linien.

Seide, Indien, Mitte des 19. Jh.
Mit ihrer bunten Perlenstickerei, der rot und gelb karierten Bordüre und den schwarz-roten Blüten präsentiert diese quadratische Matte aus dem bengalischen Darjeeling ein asymmetrisches Dessin. Die kurzen, kreuz und quer verlaufenden Linien wirken wie ein Webmuster.

Baumwolle, Indien, Mitte des 19. Jh.
Eine wunderschöne und strapazierfähige, geometrisch gemusterte *khes*-Arbeit, wie sie in Teilen des Punjab hergestellt wird. Das Hauptfeld bedecken winzige detaillierte Muster, die Bordüre zeigt ein kraftvolleres Dessin aus langen vertikalen Streifen.

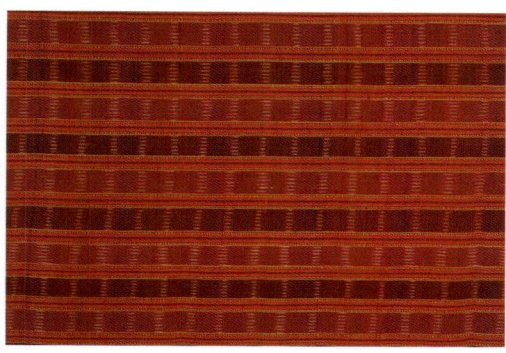

Seide, Indien, 1855
Manchmal lassen sich Raster-, Streifen-, Flecht- und Gittermuster nur schwer voneinander unterscheiden. Bei diesem Ikatstoff aus Tamil Nadu liegt die Betonung eindeutig auf der Vertikalen, doch der Rastereffekt der sich kreuzenden Musterelemente ordnet die Gestaltung klar den Gittermustern zu.

Unbekanntes Material, Österreich, 1906
Joseph Hoffmann entwarf das Muster dieser gewebten Tischdecke für die Wiener Werkstätte. Ihre Vertreter hatten sich zum Ziel gesetzt, gutes Design für einen bürgerlichen Käuferkreis herzustellen. Hier wird die strenge Geometrie durch die abgeknickten spitzen Pfeile in der Bordüre spielerisch unterlaufen.

Baumwolle, England, 1920er-Jahre
Im Rouleauxdruckverfahren dessinierter Cretonne-Dekostoff mit einem Design aus markanten, unterbrochenen schwarzen Längsstreifen und einem sie überlagernden regelmäßigen Muster aus blauen horizontalen und vertikalen Linien, all dies auf einem hellgrauen Grund. Die Linien sind durch ein sich wiederholendes, abstraktes Kirschen-/Apfelmotiv innerhalb eines blauen Quadrats unterbrochen.

193

Tartankaros

19. bis 20. Jahrhundert

Als Tartan bezeichnet man ein spezielles Muster, das aus sich kreuzenden Längs- und Querstreifen in mehreren Farben aufgebaut ist – quasi das „echte" Schottenkaro. Ursprünglich waren Tartans immer gewebt, heute werden sie auch gedruckt. Schottland hat eine besondere Beziehung zu Tartanmustern, von denen jede Variante einem bestimmten Clan zugeordnet ist und eine entscheidende Rolle in der Clankultur spielt. Beim Weben von Tartans entstehen infolge des Webprozesses an den Bindungspunkten verschiedenfarbiger Fäden sichtbare diagonale Linien, wodurch es scheint, als ergäben sich aus den vorhandenen Fäden neue Farben. Tartandessins wiederholen sich vertikal und horizontal in einer bestimmten Abfolge von Quadraten und Linien, einem sogenannten Mustersatz.

Wolle, England, Detail, 1840–1860

Abschnitt eines reich verzierten gewebten Kaschmirumhangs in Creme, der mit einem Band mit Schottenmuster sowie schwarzer Spitze und roten, blauen und grünen Fransen besetzt ist. Die Abbildung zeigt den Saum einschließlich eines Stücks des Bandes, das an die feine schwarze Spitze mit ihrem Pflanzen- oder Federmotiv angrenzt.

Seide, Schottland, um 1850

Dieser Kleiderschmuck in Form einer Schärpe mit Schottenmuster in Rot, Blau, Gelb und Weiß, die oben zur Schleife gebunden ist, veranschaulicht die Verwendung von Schottenmustern für modisches Zubehör. Die Farbstellung ist traditionell und der Stoff so zugeschnitten, dass das Dessin optimal zur Geltung kommt.

Seide, Schottland, um 1850

Auf dieser gewebten Weste, dem Kernstück der Bekleidung eines viktorianischen Gentlemans, macht das Schottenmuster eine gute Figur. Blockstreifen in verschiedenen Farben wiederholen sich vertikal und horizontal und ergeben einen Mustersatz. Zu jener Zeit ahmten viele Dessins echte Schottenkaros nach, doch es gab auch reine Fantasiemuster.

Seide, England, um 1850

Gürteltäschchen wie dieses, das außer einem Schottenmuster auch ein gesticktes Distelmotiv schmückt, trug man am Gürtel von Krinolinenröcken, wo sie mit einer Kordel oder Kette befestigt waren. Solche Accessoires wurden oft auf den Stoff des Kleidungsstücks abgestimmt, um es optimal zu ergänzen.

Wolle, England, um 1851

Ein Produkt der Londoner Firma I. & R. Morley Ltd., spiegelt diese maschinengestrickte Socke die Vorliebe für alles Schottische wider, die Mitte des 19. Jh. England erfasste. Königin Victoria, die selbst dieser Begeisterung erlegen war, begründete den Trend, indem sie für ihre Bekleidung und Ausstattung Schottenmuster wählte.

Tartankaros

19. bis 20. Jahrhundert
Obwohl Tartanmuster auf eine lange und manchmal auch romantisch verklärte Geschichte zurückblicken, verbindet man erst seit Mitte des 19. Jh. spezifische Tartans mit bestimmten schottischen Clans oder Familien. Im Gefolge von Königin Victorias Begeisterung für die Traditionen Schottlands und seiner Kultur verbreitete sich in England und in den englischsprachigen Ländern die Vorliebe für Tartankaros rasch. Wie im Deutschen, so verwendet man auch im Englischen den Terminus Schottenkaro *(plaid)* gleichbedeutend mit Tartan, obgleich es sich dabei eigentlich um einen Oberbegriff handelt.

Seide, Frankreich, um 1925
Ein Entwurf von Paul Poiret, verkörpert dieses stilvolle Schottenkleid in ungewöhnlicher Farbgebung die Vorliebe für exzentrische oder ausgefallene Materialien und Effekte, die einen Aspekt des Art-déco-Stils darstellte.

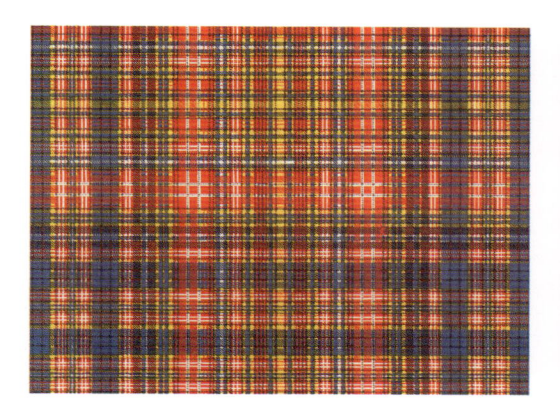

Stoffentwurf, Schottland, um 1886
Der „Mustersatz" eines Schottenkaros ist eine Farbfolge und Anordnung, die sich definiert durch die exakte Anzahl der Kettfäden, die für jeden in Kettrichtung verlaufenden Streifen in einer bestimmten Farbe benötigt werden. Anzahl und Abfolge der farbigen Fäden müssen exakt beibehalten werden, um ein ausgewogenes Dessin zu gewährleisten.

Stoffentwurf, Schottland, um 1886
Klassisches, mit zwei Farben gewebtes Tartanmuster, das auch unter der Bezeichnung „Rob Roy" läuft. Es ist benannt nach dem gleichnamigen Helden und Mitglied des MacGregor-Clans aus Sir Walter Scotts beliebtem Roman *Rob Roy*. Das Muster gab es schon lange, bevor spezifische Tartans bestimmten Clans zugeordnet wurden.

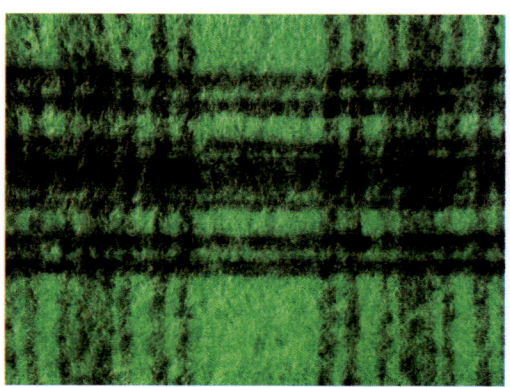

Baumwolle, USA, um 1950–1990
Dieser US-Kleiderstoff mit „Tartanmuster" ist gleich in zweifacher Hinsicht ein Schwindel. Nicht genug damit, dass hier ein Druck das traditionelle gewebte Muster imitiert, er weist auch keinerlei direkten Bezug zu den „echten" Tartankaros schottischer Herkunft auf.

Mohair, Wolle und Nylon, Großbritannien, um 1957
Ein ungewöhnliches Musterstück, bei dem ein schwarzes Karodessin ähnlich wie ein Tartan-„Mustersatz" auf einem grünen Grund arrangiert ist. Das Ergebnis ist faszinierend und demonstriert, wie die Beschaffenheit selbst den Charakter eines konventionellen Musters verändern kann.

Rasterstrukturen

Von der Antike bis zur Moderne

Das Raster bildet die zugrunde liegende Schablone oder Struktur jedes textilen Designs mit Rapportmuster und ist für die Planung von Rapportmustern unerlässlich. Früher erstellte man Entwürfe oft auf Rasterpapier, damit die jeweiligen Kett- und Schussfäden der Webmuster identifiziert werden konnten, heute erledigt man diese Aufgabe am Computer. Obgleich Raster bei textilen Mustern alles andere als selten sind, illustriert die folgende Auswahl, wie unterschiedlich die Ergebnisse zu verschiedenen Zeiten ausfielen. Einige beinhalten auch Elemente von anderen Rastertypen wie kleine oder große Rauten, Gitter und sogar Karniesformen.

Seide, Ägypten, um 600–899

Ihrer ausgeklügelten Musterkombination mit in Kreise gesetzten Rosetten und gestuften Bordüren in Pink und Weiß verdankt diese sehr frühe Arbeit ihr unverwechselbares Erscheinungsbild. Das Raster bleibt durch die geschickte Verwendung des gestuften Rahmens rings um die runden Motive gewahrt.

Seide, Byzanz, um 1200–1399

Der Hintergrund dieser gewebten Bahn zeigt ein großes gitterartiges Muster, dessen Maschen abwechselnd Blütenköpfe und Rauten umschließen. Das Raster selbst ist besetzt mit kleinen Knoten, die in ihrer Ausrichtung den Rauten folgen. Die purpurrote Färbung deutet darauf hin, dass es sich hier um ein kostspieliges und luxuriöses Stück handelt.

Unbekanntes Material, Griechenland, 18. Jh.
In dem teils gewebten, teils gestickten Dessin dieses Vorhangstoffs kann man Quadrate, Rauten und sogar stilisierte Kreise erkennen.

Leinen, England, 18. Jh.
Das Können des Stickers wird sichtbar in der Gleichmäßigkeit der Bildfelder dieses kleinen „Fliesenmusters", einer Bargellostickerei in bunter Wolle und Seide auf Canvas. Die floralen Motive stehen in elegantem Kontrast zu den geometrischen Rauten.

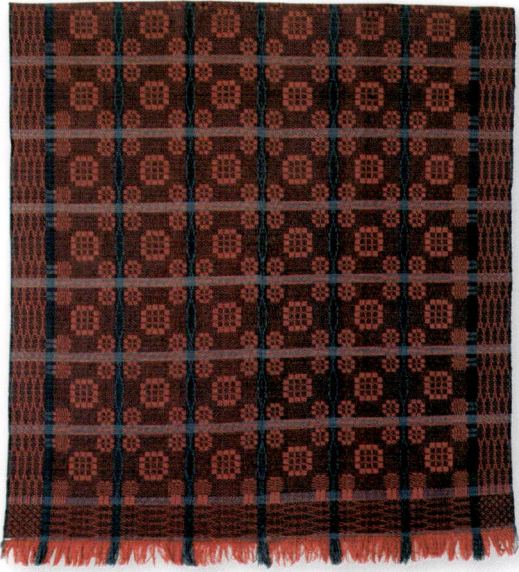

Wolle, Kanada, um 1860
Die Köperbindung ist in sich gemustert und weist rechtwinkelige Karos auf, die durch den Kontrast zwischen den Kett- und Schussfäden auf der Stoffoberfläche entstehen. Das „Tisch"- und „Rosen"-Dessin dieser Tagesdecke ergibt ein dezent von floralen Motiven überlagertes Raster.

Schottenkaros und Tweedmuster

19. bis 20. Jahrhundert

Schottenkaros werden definiert als gewebte oder gedruckte Muster mit in Leinwand- oder Köperbindung gewebten, in Kett- und Schussrichtung verlaufenden Streifen, die quadratische oder rechteckige Muster in anderen Farben ergeben. Tartans stellen technisch betrachtet eine besondere Art von Schottenmuster dar, und gedruckte Schottenkaros werden manchmal als „Ginghamhemdenstoff" und „französische Provinzstoffe" bezeichnet. Bei Tweed handelt es sich um einen in Leinwand- oder Köperbindung gewebten Bekleidungs- oder Bezugsstoff, der ein Karo- oder Fischgratmuster aufweisen kann. Er ist bekannt für seine subtilen Farbeffekte, die durch das Verzwirnen von Fäden unterschiedlicher Farbe zu einem Zweifach- oder Dreifachgarn entstehen.

Baumwolle, Frankreich, um 1880–1890

Beispiel für einen Hemdenstoff mit im Rouleauxdruckverfahren aufgebrachtem Schottenkaro. Das absolut geometrische Raster kann in den vielfältigsten Farbkombinationen eingewebt oder aufgedruckt werden, weshalb solche Muster gerne für Stoffe für Herren-Freizeithemden gewählt werden.

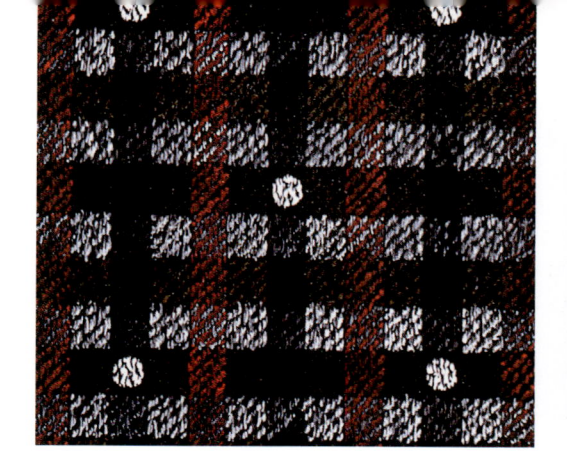

Deckfarbe auf Papier, Frankreich, um 1900–1920
Webt man Schottenkaros in einem Rastermuster, entstehen dabei wunderschöne gedeckte Farben und dezente Strukturen. Dieser Entwurf für einen Bekleidungsstoff zeichnet sich aus durch ein dominantes schwarzes, dunkelblau ausgefülltes Quadratraster, das von roten Streifen überlagert und weißen Streifen ergänzt wird. Die sparsam gesetzten weißen Kreise steigern die Wirkung.

Wolle, Detail, Großbritannien, 1964
Bei dieser Anzugjacke handelt es sich um eine Arbeit der Maßschneiderei Anderson and Sheppard aus der Londoner Savile Row. Sie ist in dem berühmten Glen-Urquart-Karo gemustert, das oft mit dem Prince-of-Wales-Karo verwechselt wird. Das echte Glen-Urquart-Karo ist ausschließlich schwarz-weiß.

Wolle, Detail, Großbritannien, frühe 1980er-Jahre
Vivienne Westwood entwarf dieses Modell mit seinem Glencheckmuster als Teil ihrer vom Piratenstil inspirierten *Buccaneer*(Seeräuber)-Kollektion. Die Kombination eines traditionellen Schottenkaros mit grellen Ärmelschlitzen ist typisch für die Designerin.

Wolle, Großbritannien, 1996
Detail einer von Hackett entworfenen und maßgeschneiderten Schießjacke aus Tweed mit einem typisch englischen Karomuster in Grün und Lila.

Die Moderne

20. Jahrhundert

Die Designer der Moderne, die je nach Blickwinkel auf die Zeit von 1920 bis 1960 datiert wird, strebten danach, Muster bzw. Ornamente für ihre Entwürfe höchstens in begrenztem Umfang zu verwenden, da sie der Ansicht waren, sie lenkten vom Wesentlichen eines Produkts oder Gebäudes ab. Was Textilien betraf, so erwuchs aus diesem Bemühen ein neues Interesse an Mustern aus geometrischen Formen, bei gewebten Stoffen auch eine stärkere Aufmerksamkeit für das Potenzial des Webvorgangs selbst für die Mustergestaltung. Die Beschäftigung mit Geometrie resultierte häufig in einer direkten Beziehung zwischen den textilen Mustern und der Natur der Gebäude, bei denen man sie einsetzte.

Baumwolle, Österreich, um 1920–1929
Diese Arbeit der Wiener Werkstätte ist ein Beispiel für die charakteristischen Rastereffekte der Moderne, die als Ordnungsstruktur für Muster dienen. Das Design besteht aus einem komplexen Arrangement von Quadraten oder Ebenen innerhalb eines größeren Rasters und spiegelt die moderne Ablehnung des Naturalismus wider.

Baumwolle, Frankreich, 1920er-/1930er-Jahre
Dass ein Raster als Basis für einen Entwurf geeignet ist, belegt dieses einfache Allover-Muster. Die gegeneinander versetzten Quadrate sind miteinander verbunden und ergeben so das Raster, das durch abstrakte hutähnliche Formen innerhalb der Zellen vervollständigt wird.

Seide, Frankreich, 1928
Im Rouleauxdruckverfahren dessinierter Kleiderstoff, der vorführt, wie aus einfachsten Formen ein Muster aufgebaut werden kann. Mit nichts weiter als einer stilisierten Schraubenkopf- oder Kaffeebohnenform entsteht hier durch einen Rapport, in dem acht vertikale Elemente vier horizontalen entgegenwirken, ein gelungenes stilvolles Design.

Deckfarbe auf Papier, Frankreich, 1930er-Jahre
Es ist die Geometrie des Musters – eine Kombination von Quadraten, Kreisen und gestuften Linien –, die dieses Design eindeutig als Art déco ausweist. Auch der Einfluss der zeitgenössischen Kunst ist erkennbar.

Leinen, Irland, um 1955
Dekostoff „Flight" (Flucht), entworfen von Louis le Brocquy. Die abstrakte laufende Figur verweist deutlich auf die Scherenschnitte von Henri Matisse sowie die afrikanische Kunst, die ihn mit inspirierte. Das horizontal gestreifte Gewebe trägt dazu bei, dem dynamischen Motiv die nötige Bodenhaftung zu verleihen.

Einleitung

Textilien mit Darstellungen des Menschen findet man in den meisten Kulturen, obwohl die große Mehrheit der Sunniten und Schiiten die Abbildung von Lebewesen für verboten hält. Dennoch trifft man in jeder islamischen Kunstperiode auf Darstellungen des Menschen. Bei textilen Mustern dienen sie unterschiedlichen Zwecken, meist dem Nacherzählen von Geschichten. Das folgende Kapitel untersucht die Darstellung des Menschen in verschiedenen Kontexten, darunter mythologische Sujets und Arbeiten, die bestimmte Körperteile in den Mittelpunkt stellen.

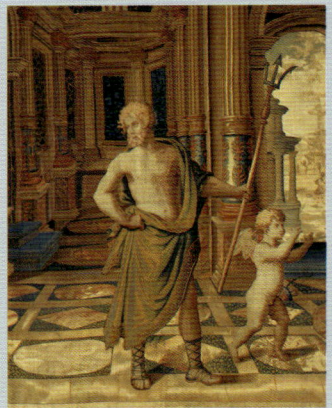

Bildwirkerei, Detail, Frankreich, Mitte des 15. Jh.
Dieser lange, schmale Wandbehang, der Arbeiten im Jahresablauf zeigt, hing wahrscheinlich über einer Sitzbank. In dem abgebildeten, dem September gewidmeten Ausschnitt sieht man Landarbeiter beim Eggen und Säen.

Bildwirkerei, Detail, England, frühes 17. Jh.
Tapisserie aus Mortlake aus einer Reihe von Bildwirkereien, die die Geschichte von Venus und ihrem Geliebten Mars erzählt. Vulcanus, der Gatte von Venus, sitzt über sie zu Gericht. In dieser Szene verwenden sich Neptun, der Meeresgott, und Amor, der Gott der Liebe, für die Liebenden als Fürsprecher.

Leinen, Detail, Griechenland, 18. Jh.
Dieses cremefarbene Gewand war für einen Mann bestimmt, um dessen Ärmel sich, wie hier zu sehen ist, eine reiche Stickerei zieht. Naive Motive in Gestalt von Männern, Frauen, Blumen, Bäumen und Gebäuden heben sich mit ihren leuchtenden Farben kontrastreich gegen den Grund ab. Zudem ziert eine goldene Spitze die Ärmelkante.

Seide, Detail, Indien, Mitte des 19. Jh.
Ein typischer kunstvoller bengalischer Sari voll herrlicher Details in exquisiter Seidenweberei. Abgebildet ist ein männlicher Herrscher hoch zu Ross, komplett mit Sonnenschirm, Banner und Dienerinnen.

Seide, USA, 1927
Nach dem 1925 veröffentlichten Roman von Anita Loos nannte Ralph Barton diesen von ihm entworfenen Crêpe-de-Chine-Stoff für Kleider „Gentlemen Prefer Blondes" (Herren bevorzugen Blondinen). Das sich überlappende, recht abstrakte Muster zeigt eine Blondine, eine Gruppe von Brünetten und mehrere Männer mit Zylindern.

Religiöse Motive

13. bis 19. Jahrhundert

Muster, die religiösen Handlungen oder bestimmten Ritualen gewidmet sind, wurden bereits in früheren Kapiteln berücksichtigt. Hier werden nun Entwürfe vorgestellt, die sich auf mit bestimmten religiösen Themen verbundene Personen konzentrieren. Sie können ebenso gut einen stilisierten, imaginären Engel zeigen wie einen speziellen Moment im Leben eines bestimmten Menschen. Oft wurden die Stücke für religiöse Zeremonien oder als Schmuck für bestimmte Bereiche von religiösen Gebäuden gestaltet. In den meisten Fällen nutzten die Schöpfer solcher Werke die Gelegenheit, ihr meisterhaftes Können unter Beweis zu stellen, indem sie es einsetzten, um der Ehrfurcht, die dem gewählten Motiv innewohnte, höchsten Ausdruck zu verleihen.

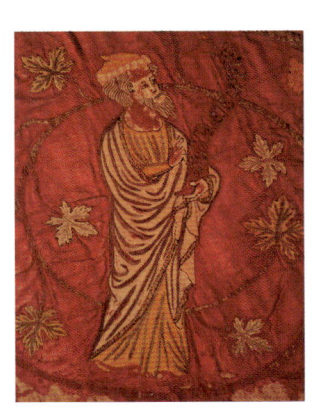

Seide, England, um 1295–1315
Detail einer mittelalterlichen Stickerei mit der Darstellung der Wurzel Jesse. Spaltstich und Anlegearbeit wurden in Silber- und silbervergoldetem Faden ausgeführt. Die Wurzel Jesse ist in der sakralen Kunst häufig anzutreffen. Sie zeigt den Stammbaum Jesu, wie er im Matthäusevangelium beschrieben ist.

Seide, England, um 1320–1340
Bildfeld einer Bursa, einer mappenartigen Stofftasche zur Aufbewahrung des Corporale genannten quadratischen Leinentuchs, das bei der Abendmahlsfeier verwendet wird. Die Bordüre mit ihrem Zirkelmuster ist typisch für das Mittelalter. Die ganze Arbeit weist reiche Stickereien in Silber- und silbervergoldetem Faden sowie Seidengarn auf.

Seide, Detail, China, um 1650–1700
Ausschnitt aus dem dicht bestickten seidenen Gewand eines taoistischen Priesters. Die 350 auf dem Kleidungsstück dargestellten Gottheiten repräsentieren die Götter des taoistischen Pantheons, zu denen auch die drei Reinheiten, die drei himmlischen Würdenträger und der Jadekaiser zählen.

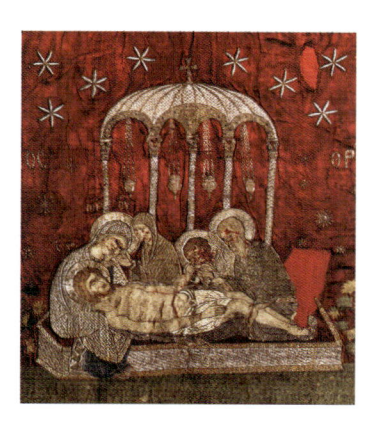

Satin, Griechenland, frühes 18. Jh.
Bei einem *epitaphios* handelt es sich um eine große Ikone aus Stoff, die in religiösen Prozessionen getragen wird. Dieses prachtvoll geschmückte Exemplar wurde zu Ostern während des orthodoxen Ostergottesdienstes verwendet, was das Bildthema erklärt: die Beweinung Christi. Das Burgunderrot des Hintergrunds ist Tradition.

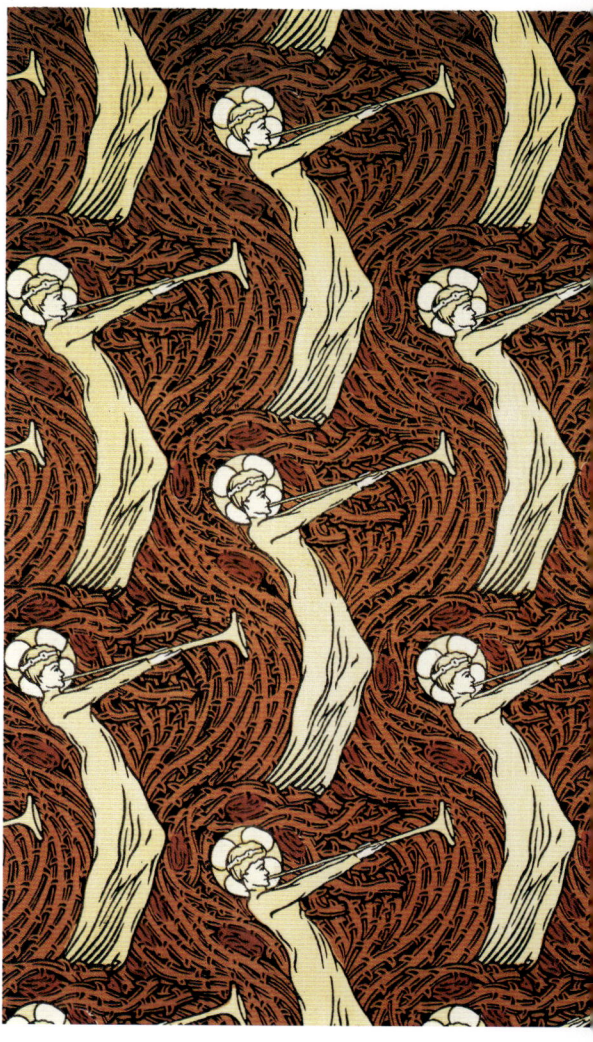

Baumwolle, England, um 1884
„The Angel with the Trumpet" (Der Engel mit der Trompete), ein von Herbert Horne gestalteter Dekostoff mit Modeldruck. Der Engel als Überbringer froher Botschaften stellte in der viktorianischen Kunst ein beliebtes Motiv dar. Horne war Mitglied der Century Guild, die sich zum Ziel gesetzt hatte, das Ansehen der „niedrigeren Künste" zu verbessern.

Mythologische Muster

Von der Antike bis zur Moderne

Die „klassische Mythologie" bezieht sich speziell auf die Mythologien des Griechenlands und des Roms der Antike. Es handelt sich dabei um Sammlungen von Geschichten, die auf die alten Griechen zurückgehen und von dem Pantheon der Götter und Helden erzählen, die die Griechen geschaffen hatten, um sich ihre Welt zu erklären. Diese Mythen faszinieren Künstler und Designer bis heute. In textilen Mustern treten sie in verschiedenen Interpretationen in Erscheinung. Manchmal ist eine ganze Szene dargestellt und ohne Weiteres verständlich, manchmal erscheinen die Motive in symbolischer oder abstrakter Form.

Wolle und Leinen, Ägypten, um 300–499
Auf diesem gewebten Bildfeld, das wohl auf eine Tunika appliziert war, hält Hermes in der linken Hand seinen Botenstab, in der rechten Hand einen Geldbeutel als Symbol des Handels. Hermes war auch der Gott des Reichtums.

Bildwirkerei, England, um 1595
Wandbehang „Judgement of Paris" (Gericht des Paris), eine Bildwirkerei in Wolle und Seide. Dieser Entwurf der Sheldon-Werkstätten beruht zum Teil auf Drucken aus einem berühmten Architekturhandbuch. Die Vögel und Blumen sind in einem Stil gehalten, der im Süden der Niederlande weitverbreitet war.

Baumwolle, England, 1887
Von Walter Crane stammt der Entwurf für diesen Einrichtungsstoff, dessen komplexes Muster die Kontinente des Erdballs repräsentiert. Das geschieht mithilfe eines großen Wikingerschiffs und eines römischen Zenturiohelms sowie mittels Darstellungen von Frauen in typisch südafrikanischer, australischer, indischer, britischer und kanadischer Kleidung.

Seide, England, 1939
Marion Dorn entwarf diesen im Siebdruckverfahren bemusterten Dekostoff „Etruscan Head" (Etruskischer Kopf). Die antiken Kriegerprofile sind gleich zu erkennen. Das Rapportmuster bedient sich der gleichen Formen und Details, variiert jedoch die Farben. Die einander gegenübergestellten Varianten sind jeweils durch einen einfachen Streifen aus stilisierten Blättern getrennt.

Baumwolle, England, 1939
Dieser bedruckte Dekorationsstoff „Bacchante" (Bacchant) – benannt nach einem Gottesdiener oder Anhänger des römischen Gottes Bacchus – besteht aus einem regelmäßigen Muster aus quadratischen Einheiten, die folgende Motive enthalten: einen Bacchanten, einen Weinkrug, eine Weinrebe mit Trauben und Blättern, eine grüne Pflanze und ein weißes fließendes abstraktes Motiv.

209

Gärten

16. bis 20. Jahrhundert

Die Darstellung des Menschen in einem Garten oder einer natürlichen Landschaft ist je nach Fall Ausdruck eines ländlichen, idyllischen oder gar arkadischen Lebens. Gärten erlauben es, dem Alltag zu entfliehen und werden oft als Orte des Staunens, der Muße und Zufriedenheit gezeigt. Die Textilien, die sich am besten eignen, um solche Vorstellungen in einen Entwurf umzusetzen, sind flache Stücke wie Tapisserien oder Behänge. Geografisch weitverbreitet, zeugen sie von der Anziehungskraft idyllischer Motive und deren vielfältigen Möglichkeiten, von der formalen Anordnung symbolischer Elemente bis zu naturalistisch gestalteten bukolischen Landschaften.

Leinen, Detail, England oder Frankreich, spätes 16. Jh.
Mit einer narrativen Gartenszene bestickter Volant. In diesem Abschnitt besteht der Schauplatz aus einem dekorativen Garten mit einem sitzenden Liebespaar. Es wird bedient von einer Frau, die einen Spiegel in der Hand hält und möglicherweise Besonnenheit symbolisieren soll.

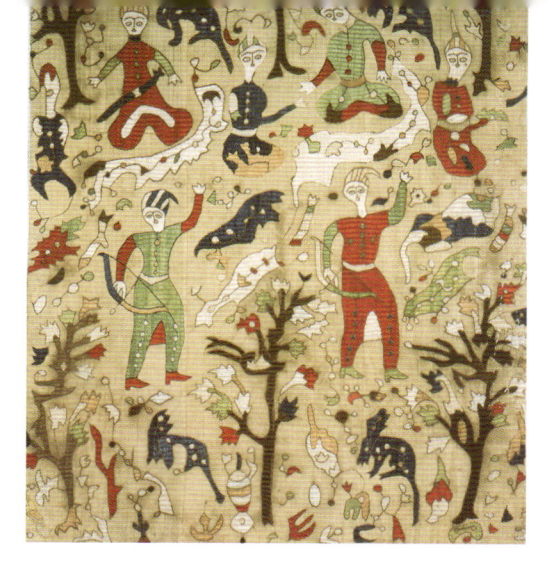

Seide, Persien, 17.–18. Jh.
Gestickt in bunten Seidengarnen, weist dieses Design ein sich vertikal wiederholendes Muster auf, in dem mit Pfeil und Bogen ausgerüstete Jäger inmitten eines Waldes aus blühenden Bäumen von Fantasiekreaturen umgeben sind. Es könnte sein, dass die Formen mit den amorphen Konturen Teiche darstellen sollen.

Musselin, Indien, 19. Jh.
Dieses *rumal,* ein Taschen- oder Kopftuch, ist in Seide mit einfachen, doch gut erkennbaren Szenen einer Hochzeit bestickt. Im Zentrum des Musters steht das Hochzeitszelt, das von Gästen, Möbeln und Geschenken umgeben ist.

Bildwirkerei, England, 1863
„The Orchard, the Seasons" (Der Obstgarten, die Jahreszeiten) nannte William Morris diesen von ihm entworfenen Wandbehang, der in Wolle, Seide und Mohair auf einer Baumwollkette gewirkt ist. Typisch für Morris, zeigt das Stück Figuren in mittelalterlichen Gewändern sowie gotische Schriftzüge und reichlich naturalistische Bäume und Blumen.

Gärten

Wolle, Detail, Burma, um 1880
Das applizierte Muster dieses Wandbehangs oder *kalaga,* das Szenen aus den früheren Leben Buddhas präsentiert, ist aus bunten, bemalten und mit Pailletten bestickten Stoffen gefertigt. Die Kostüme stehen in der Tradition des burmesischen Theaters.

Baumwolle, Osmanisches Reich, 19. Jh.
Besticktes Handtuch mit Seiden- und Metallfäden und einem sich wiederholenden Muster aus einem stilisierten, übergroßen Baum oder Busch, der mit einer monumentalen Figur alterniert. Zwischen den Beinen der Figur bildet ein Gebäude ein eigenständiges Motiv.

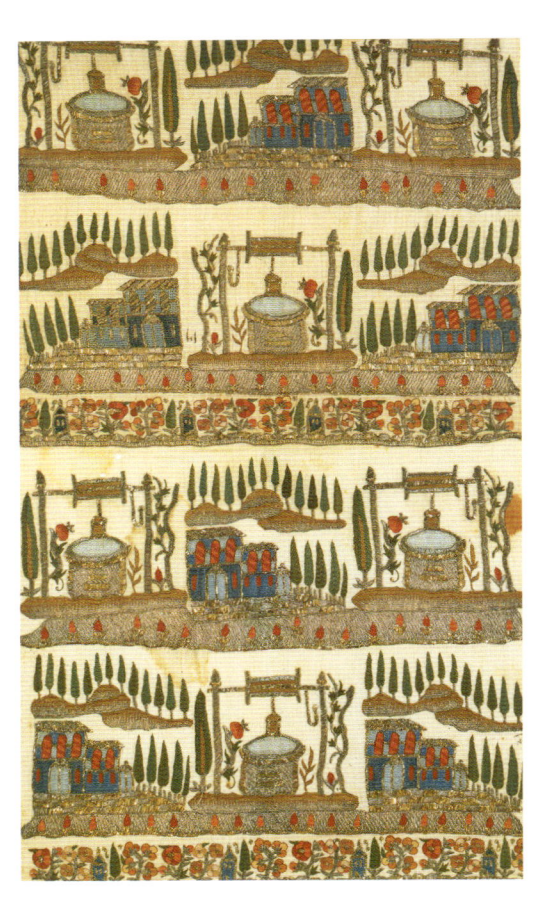

Baumwolle, Osmanisches Reich, Mitte des 19. Jh.
Eine Landschaft mit vielen Häusern sowie Reihen von Bäumen und anderen Pflanzen schmückt diese in Seidengarn und Metallfaden bestickte Serviette. Durch den Rapportversatz der vier Bänder wirkt das Muster komplexer, als es ist.

Baumwolle, Großbritannien, 1929
Diese späte Arbeit des Arts-and-Crafts-Architekten C. F. A. Voysey, ein bedruckter Chintz fürs Kinderzimmer, zeigt in seinem auf einem Kinderreim basierenden Muster eines von Voyseys Häusern. Ein Rattenmotiv (hier nicht zu sehen) wurde bei späteren Editionen weggelassen.

Wolle, Burma, um 1880–1890
Kalaga oder Behang mit bildhaften Darstellungen, der zum Teil mit paillettenbesetzten Applikationen verziert ist. Er zeigt höfische Figuren, die im Stil des traditionellen burmesischen Theaters gekleidet sind, das damals am Hof von Mandalay in Mode war.

Baumwolle, China, Mitte des 20. Jh.
Mehrfarbige Decke aus dem Kreis Changle mit einem in einer Reservetechnik aufgebrachten Muster, das die Geschichte eines Gelehrten der Hanlin-Akademie erzählt. Absolventen dieser Einrichtung fungierten als engste Berater des Kaisers, und nur die talentiertesten Studenten wurden dort zugelassen.

Landschaften

16. bis 20. Jahrhundert

Der Mensch in einer Landschaft entwickelt das Thema „Garten" in einer durch und durch ländlichen Umgebung. Viele sehen in der Landschaft etwas Idyllisches, und gewöhnlich wird sie dargestellt als eine friedliche, sorgenfreie Welt von pastoraler Schönheit, in die man sich flüchten kann. Diese Vorstellungen sind bei verschiedenen Textilien in Muster umgesetzt worden, die man häufig bei Toiles sowie Kleider- und Dekorationsstoffen antrifft. Das arkadische Motiv wird oft durch Requisiten wie antike Ruinen oder Urnen verstärkt und ist bisweilen als ländliche Trink- oder Tanzszene inszeniert. Auch das Landschaftsthema ist weltweit verbreitet und Gegenstand zahlloser Designs.

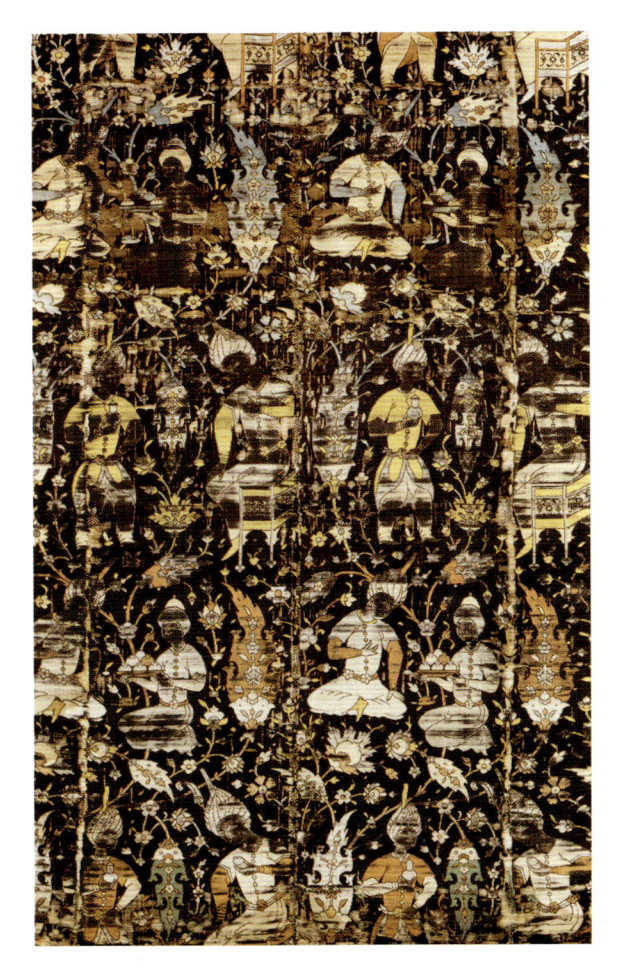

Seide, Persien, 16. Jh.

In der Thematik dieses Kleiderstoffs offenbart sich das Interesse der safawidischen Herrscher an Pflanzen und Gärten. In einem höfischen, entspannten Ambiente sitzen essende und trinkende Männer zwischen Blumen und Blättern.

Leinencanvas, Detail, England oder Frankreich, um 1570–1599
Bestickter Volant mit der Darstellung einer *fête champêtre* oder Veranstaltung im Freien. Solche Ereignisse, bei denen man im Freien spielte und musizierte, wurden oft sehr stilvoll ausgerichtet. Der kleine Junge im Vordergrund hält die Noten.

Baumwolle, England, 1762
Im Plattendruck dessinierter Einrichtungsstoff. Vor einem Hintergrund antiker Ruinen sind zwei Figuren in ein Gespräch vertieft. Die Szene spiegelt das damalige Interesse an alter Geschichte und der Natur wider. Über der Unterhaltung bemerkt das Mädchen nicht, dass ihre Tiere davonlaufen – die Moral lautet: Ablenkung ist gefährlich!

Leinen und Baumwolle, England, 1769
Das im Kupferplatten- und Modeldruck aufgebrachte Rapportmuster dieses Dekorationsstoffs zeigt eine Figur in ländlicher Umgebung, die sich an einen Sockel lehnt, auf dem eine Urne steht. Solche Motive kommen auch bei vielen figürlichen Gemälden des späten 18. Jh. vor.

Baumwolle, England, um 1925
Im Rouleauxdruckverfahren bemusterter Kleiderstoff mit einem bezaubernden ätherischen Rapportmuster. Ein Paar an einem Baum ist umgeben von einem laufenden Hund sowie Schmetterlingen, Blüten und weißen Sternchen. Der schwarze Fond sorgt für den perfekten Kontrast.

Medaillons

Von der Antike bis zur Moderne

Designs, die von Kreisen umgebene Figuren zeigen, nutzen den Kreis möglicherweise einfach nur als Rahmen. Oft besteht jedoch auch ein symbolischer Bezug zum Kreis selbst, der entweder als Ausdruck der Gesamtheit menschlicher Erfahrung verstanden werden kann oder als Schutzsymbol für alles darin Enthaltene. Die Muster im folgenden Abschnitt stammen aus einem breiten geografischen und zeitlichen Raum und belegen, dass Kreise in den meisten Kulturen zu irgendeinem Zeitpunkt von Bedeutung sind.

Bildwirkerei, Ägypten, 4. Jh.
Dieser römisch-ägyptische Bildteppich verfügt über eine gängige Anordnung aus vier Mittelmedaillons, umgeben von einer Bordüre aus kleineren Medaillons. Der Entwurf, der Tiere und Jäger beinhaltet, verweist auf die Muster römischer Mosaikfußböden. Die vier Hauptmedaillons sind durch miteinander verdrehte Musterlinien geschickt miteinander verbunden.

Seide, Persien, um 600–1000
Sowohl der gelbliche Grund als auch die dunkelgrünen Muster sind charakteristisch für persische Textilien dieser Periode. Der symmetrische Dekor besteht aus zwei Medaillons mit zwei einander zugewandten Löwen sowie aus Palmen. Ein stilisierter Baum teilt das Bildfeld in symmetrische Hälften.

Samt, Burma, 19. Jh.
Kalaga oder Behang mit Baumwollapplikationen, Silberdrahtstickerei und Pailletten. Das mittig applizierte burmesische Sternzeichen des *Danu* oder Schützen wird gerahmt von zarten Borten mit Laubwerk und figürlichen Motiven.

Teppich, Persien, 1909
Das Mittelfeld dieses handgeknüpften, wollenen Stücks wurde nach einem gleich großen Karton angefertigt, der von Antoine Watteaus Gemälde *Venezianische Feste* inspiriert war. Hier dient das Oval als Rahmen für das Motiv.

Wolle und Leinen, Schweden, frühes 20. Jh.
Ein stark formalisiertes volkstümliches Design, bei dem sich die Figur im Kreis mit einem Engel zu befassen scheint, während ein weiterer Engel über dem Kreis schwebt. Im oberen Rand des von stilisierten Blüten umgebenen Medaillons sind drei Initialen zu lesen, möglicherweise die des Herstellers oder des Besitzers.

Toiles

18. bis 21. Jahrhundert
Bei einem Toile-de-Jouy handelt es sich um einen Stoff mit einem Muster, das auf der bildhaften Darstellung von Szenen oder Menschen beruht. Toilemuster verbindet man typischerweise mit Abbildungen von Sujets aus dem zeitgenössischen Leben, der klassischen Antike, der Politik, dem Orient und dem Landleben. Die folgende Auswahl stellt im Gegensatz zu Abbildungen von Landschaften die von Figuren in den Fokus und illustriert die breite Spanne von Motiven, die von etwa 1760 bis 1860, also zur Blütezeit der Toileproduktion in England und Frankreich, Verwendung fanden. Die Motive können rein dekorativ sein, haben bisweilen aber auch eine Propagandafunktion oder beinhalten ein didaktisches Element.

Leinen und Baumwolle, England, um 1766
Szenen aus David Garricks 1740 uraufgeführtem Theaterstück *Lethe: oder Äsop im Schatten* zieren diesen im Plattendruck bemusterten Fustian-Dekostoff. Die Figuren des Designs, das etwa zur Zeit der königlichen Galavorstellung im Jahr 1766 entworfen worden sein könnte, wurden für Papierdrucke übernommen.

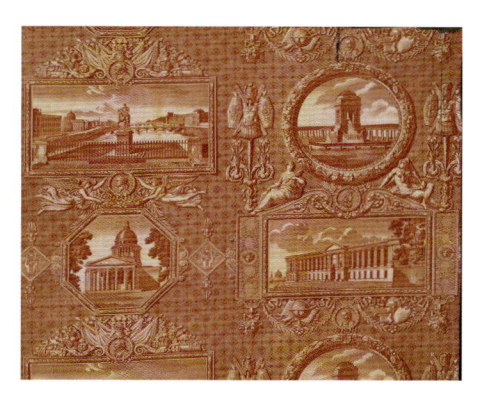

Baumwolle, Frankreich, um 1816
Dieses damalige Modemuster präsentiert Medaillons mit bildhaften Szenen. Sie setzen berühmten Pariser Gebäuden wie der Pont Neuf, dem Louvre und dem Panthéon, die hier alle mit einem Rahmen versehen sind, ein Denkmal. Der Hintergrund aus winzigen Rauten spiegelt die großartigen Interieurs der Druckkabinette wider.

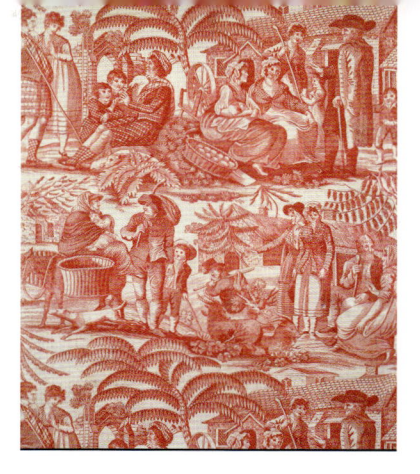

Baumwolle, England, um 1820
„Scenes Representing the British Isles" (Szenen von den britischen Inseln), ein als Einrichtungsstoff konzipierter Toile. In der Tradition der im frühen 19. Jh. beliebten didaktischen und als Propaganda genutzten Textilien stellt der Entwurf in vier sich wiederholenden Vignetten die Nationen auf dem Territorium der britischen Inseln vor.

Baumwolle, Frankreich, um 1825
Gefertigt in Nantes, zu jener Zeit ein bedeutendes Druckzentrum, ist dieser im Plattendruck bemusterte Dekorationsstoff vier Heldinnen gewidmet, die jeweils mit einem Krieg verbunden werden. Die Szene links unten bezieht sich auf den Griechischen Unabhängigkeitskrieg (1821–1829) und zeigt im Hintergrund, wie Griechen von osmanischen Türken abgeschlachtet werden.

Leinen, Schottland, 2008
Mit ihrer modernen Herangehensweise an die Tradition des Toiles führt das Glasgower Designstudio Timorous Beasties vor, wie man historische Muster aktualisieren kann. Den Londoner Wahrzeichen wie der Tower Bridge und dem als „Gherkin" (Essiggurke) bekannten Hochhaus setzen Bäume und Figuren im Vordergrund eine menschlichere Dimension entgegen.

Spitzen

17. bis 18. Jahrhundert

Zum Klöppeln wickelt man lange Fäden auf Klöppel, um eine präzise Anfertigung von Mustern zu erleichtern. Die Arbeit wird mit Nadeln auf einem Klöppelkissen festgesteckt, auf dem auch die Mustervorlage (Klöppelbrief) fixiert ist. Je nach Entwurf kann das Klöppelmuster Toile, Netzgründe, Litzen und Füllungen umfassen. Klöppelmustern können die unterschiedlichsten Anregungen zugrunde liegen. Die folgenden Beispiele lassen in ihrer Umsetzung einen Einfluss der Malerei erkennen.

Spitze, Detail, Norditalien, spätes 17. Jh.

Aus Leinen- und Silbergarn geklöppelter Volant mit der Darstellung eines Engels. Dieses Motiv trägt eine große symbolische Bedeutung, sowohl als Bindeglied zwischen Gott und der Erde als auch als Warnzeichen für die göttliche Präsenz. In ihrer Rolle als Himmelsboten sind Engel stets Überbringer guter Nachrichten.

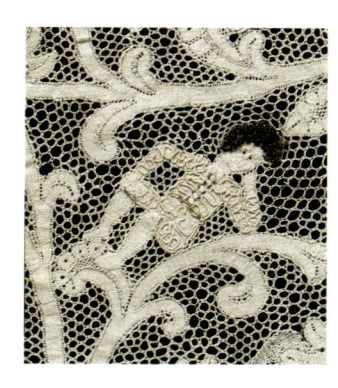

Spitze, Detail, Norditalien, spätes 17. Jh.
Ausschnitt aus einem geklöppelten Volant mit einer sorgfältig in das Design integrierten männlichen Figur. Entspannt auf ihren Ellenbogen gestützt, sitzt sie auf einem der formalisierten Laubmotive, die hauptsächlich das Muster bilden.

Spitze, Detail, Italien, spätes 17. Jh.
Dieser Teil einer Klöppelspitze zeigt einen Mann und eine Frau in der Mitte einer floralen Bordüre. In modischer Kleidung und höfischem Stil dargestellt, sind die beiden zart auf den übergroßen Stielen platziert, die sie umgeben.

Spitze, Detail, Italien, spätes 17. Jh.
Von einer Mailänder Klöppelspitze stammt diese Darstellung eines Jägers mit Speer und Hund. Links sieht man noch den gejagten Hirsch. Das Jagdmotiv steht mit dem Aufspüren für die spirituelle Suche, mit dem Erlegen für die Zerstörung infolge von Ignoranz.

Spitze, Detail, Flandern, frühes 18. Jh.
Ein exotisch gekleidetes Individuum in spektakulärem Kostüm und Hut marschiert über dieses geklöppelte Stück. In der rechten Hand hält es einen Schirm, in der linken einen fremdartigen Gegenstand. Das Ganze weist gewisse Anklänge an die damalige Vorliebe für Chinoiserien auf.

Die menschliche Figur

17. bis 20. Jahrhundert

Textile Muster mit Motiven, die auf dem Menschen beruhen, wurden in diesem Buch bereits vorgestellt. Die folgende Auswahl untersucht, auf welche Weise auf Körperteilen basierende Dessins geschaffen wurden, ob auf abstrakte oder eher realistische. Während in einigen Fällen dem Motiv durch die Abstraktion jeglicher Realitätsbezug abhanden kommt, ist bei anderen der betreffende Körperteil leicht und bisweilen mit Vergnügen zu erkennen. In allen Fällen manifestiert sich die Logik der Mustergestaltung in einem relativ einfachen Rapport des kreierten Motivs.

Seide, Detail, Persien, um 1600–1625
Was diese Figur so interessant macht, ist die Art, wie sie im Nachhinein verändert wurde. Der Krug und das Weinglas, die sie ursprünglich in Händen hielt, wurden zu Vasen mit schlichten Blumen umgestaltet. Ähnlich verhält es sich mit dem Kastenmerkmal und dem Nasenring, die ebenfalls erst später hinzugefügt wurden.

Seide, Frankreich, 1938
Entworfen von dem surrealistischen Dichter und Filmemacher Jean Cocteau, fasziniert dieser bedruckte Kleiderstoff aus Seidenkrepp durch sein Allover-Muster: ein Frauenprofil, das sich in Windungen und Bänder auflöst. Die Wirkung ist leicht bizarr.

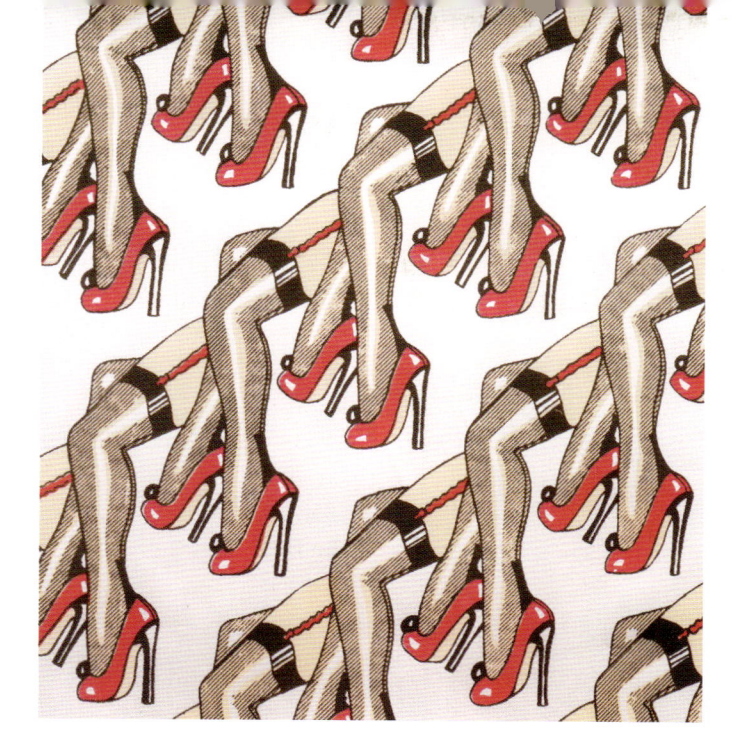

Satin, Großbritannien, 1973
„Legs" (Beine) heißt dieser Dekorationsstoff mit Siebdruckmuster, der von Jane Wealleans entworfen und von OK Textiles produziert wurde. Durch seine postmoderne Ironie und die Verwendung eines „kommerziellen" und etwas gewagten Motivs scheint er sich über den sogenannten guten Geschmack lustig zu machen.

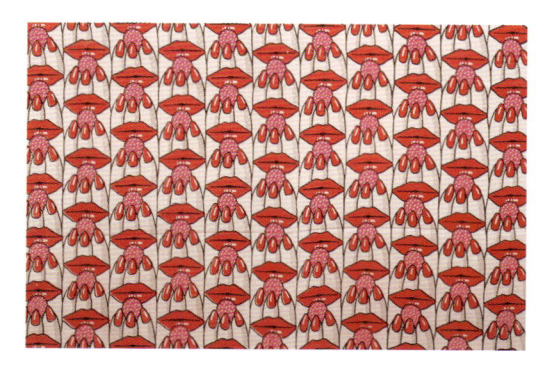

Unbekanntes Material, Großbritannien, 1983
Die Designer hinter Timney Fowler, Sue Timney und Graham Fowler, adaptierten sehr erfolgreich klassische architektonische und skulpturale Motive für textile Muster. Dieser Entwurf für ihre neoklassische Kollektion zeigt in senkrechten Reihen arrangierte antike Skulpturen von Köpfen verschiedener Kaiser, die wie Kupferstiche in Schwarz auf Weiß gedruckt wurden.

Satin, England, 1973
Das Muster dieses im Siebdruckverfahren dessinierten Dekostoffs ist aufgebaut aus einem aus Fingern, Himbeeren und Lippen konstruierten Motiv. Simpel und in senkrechten Reihen übereinandergesetzt, liefert es die Grundlage für den vielfachen Rapport mit Halbversatz in der Länge. Das Dessin, das viel dem zeitgenössischen Grafikdesign verdankt, strahlt eine aufregende Lebendigkeit aus.

223

Einleitung

THEMATISCHE MUSTER

Thematische oder bildhafte Muster könnte man auch als gesprächsanregend bezeichnen. Dieser Terminus bestärkt die Vorstellung, dass ein Design ein Gespräch anregen kann, weil es so interessant ist. Die Bandbreite der Entwürfe in dieser Kategorie ist riesig und umfasst neben Modeartikeln und -drucken auch Darstellungen von Menschen in Landschaften sowie mythologische und allegorische Szenen, wie man sie von Tapisserien und Toiles kennt. Darüber hinaus zeigt dieses Kapitel Landkarten und Wappenmotive.

Seide, Fragment, Byzanz, um 770–899
Vom Sieg des Menschen über das Tier berichtet dieses Werk „Lion Strangler" (Löwenwürger), auf dem ein Mann mit einem Löwen ringt. Ob es sich dabei um Samson oder David aus der Bibel handelt oder um den antiken Helden Herkules, ist nicht geklärt.

Baumwolle, Detail, Indien, um 1720–1750
Dieses Detail eines Chintz-*palampore* oder -behangs, das durch seine exquisiten Blumendarstellungen entzückt, gehört zu einem größeren Design namens „Nature Being Crowned by Love" (Die Natur wird von der Liebe gekrönt). Der Entwurf reflektiert das Naturinteresse, das ein Merkmal der Aufklärung des 18. Jh. war.

Wolle, Detail, England, um 1839
Teil einer gewebten Weste mit handgestickten Baumwollmotiven. Das Stück erinnert an das Eglinton Tournament von 1839, die Nachstellung eines mittelalterlichen Turniers, das damals angesichts des fortgeschrittenen sozialen Wandels bewusst als romantisches Statement veranstaltet wurde.

Baumwolle, England, 1920
„Alice in Wonderland" (Alice im Wunderland), gestaltet von C. F. A. Voysey, der diesen im Rouleauxdruckverfahren bemusterten Einrichtungsstoff aus Chintz um passende Fliesen- und Tapetenentwürfe ergänzte. Dafür griff er zurück auf einige von Sir John Tenniels Originalillustrationen für *Alice im Wunderland* und *Alice hinter den Spiegeln,* kolorierte sie und arrangierte sie zu einer gemusterten Landschaft.

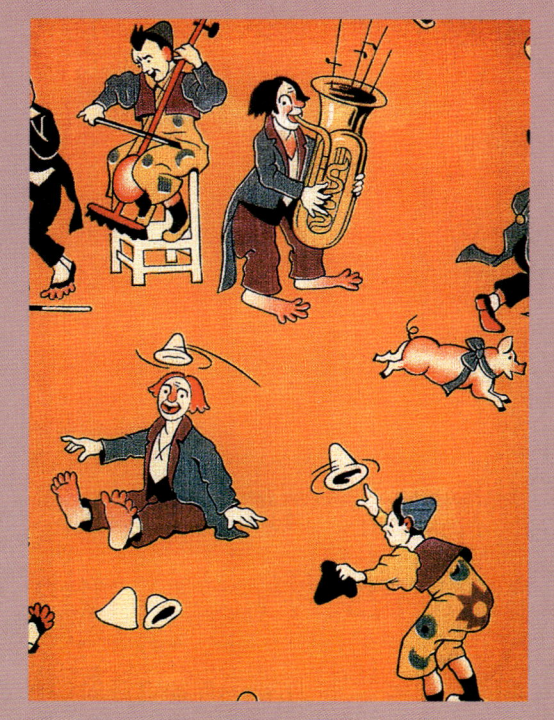

Baumwolle, Frankreich, 1927
Solche Muster mit Clowns und Zirkusmotiven zählten zu den Lieblingen für Kinderbekleidung. Dieses Beispiel erfreut durch seine lebhafte Darstellung typischer Clownsspäße, bei denen auch die Gesichtsbemalung und lustige Kostüme nicht fehlen dürfen.

Sport

19. bis 20. Jahrhundert

Sportbezogene Muster sind bei Stoffen schon seit geraumer Zeit anzutreffen, doch erst mit der Ende des 19. Jh. einsetzenden Entwicklung des Sports zu einem Massenphänomen wurde eine neue Art von Sportsujet bei Textildesignern populär. Sei es für Männer oder Frauen, Einrichtung oder Bekleidung: Sportmotive erwiesen sich als ideal für lebhafte thematische Dessins. Unabhängig davon, ob sie einzelne sportliche Aktivitäten zeigen oder Sportler beim Spiel, vermitteln sportbezogene Muster oft ein Gefühl von Bewegung und Spannung, in dem sich das Wesen ihres Gegenstands ausdrückt.

Baumwolle, England, um 1818–1824

Dieser im Rouleauxdruckverfahren dessinierte Stoff präsentiert eine klassische Jagdszene in einer detailliert wiedergegebenen englischen Landschaft. Jagdszenen waren beliebt, da sie ein bukolisches Ideal vom Landleben vermittelten, und sind bei Toile-Designs zahlreich vertreten.

Baumwolle, Frankreich, 1882
In diesem zweifarbigen, im Rouleauxdruck hergestellten Dessin setzen Pferde in unterschiedlicher Haltung über schräge Zäune hinweg. Trotz der starken Stilisierung wirkt die Wechselbeziehung zwischen Jockey und Pferd lebendig und das Muster voller energiegeladener Bewegung.

Seide, USA, 1927
„A Game of Tennis" (Tennisspiel) – der Name des Drucks auf diesem Kleiderstoff ist wirklich keine Überraschung. Die Designerin, Helen Wills Moody, war nicht nur eine gefeierte US-Tennisspielerin, sondern auch Amateurkünstlerin. Der Entwurf stammt aus einer Kollektion, die das zeitgenössische Leben in den USA thematisierte.

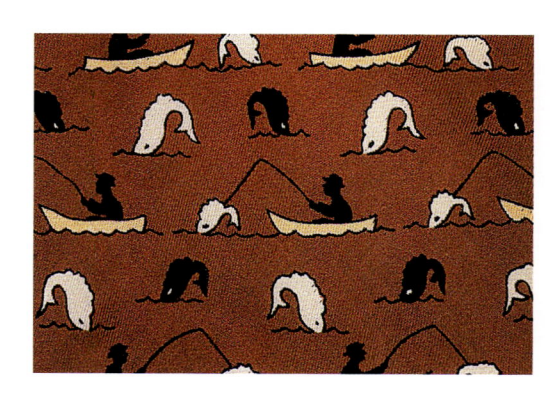

Seide, USA, 1940er-Jahre
Als Krawattenmuster konzipiert war dieses kleine, schlichte Motiv eines Anglers, um dessen Boot herum riesige Fische aus dem Wasser springen. Energie und Vielfalt des Dessins erklären sich großteils aus der Verwendung umgekehrter Bilder, durch die Fische und Angler als Silhouetten erscheinen.

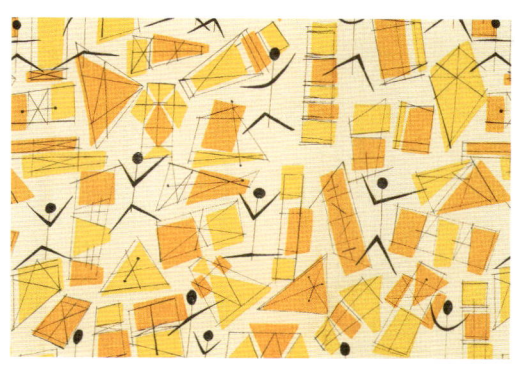

Baumwolle, USA, 1954
„Kites and Mites" (Drachen und Kerlchen), ein unbeschwerter, stark abstrahierter Druck mit Strichmännchen und fliegenden Drachen in verschiedenen Formen. Solche Muster, für Kinderzimmer durchaus angemessen, haben auch modernen Künstlern wie Paul Klee und Joan Miró einiges zu verdanken.

Bildhafte Szenen

14. bis 20. Jahrhundert

Thematische Muster schließen seit Langem auch bildhafte Szenen mit Figuren ein. Da wir Menschen zweifellos von unserem eigenen Abbild fasziniert sind, ist dieses Sujet für Mustergestalter wie geschaffen. Es umfasst stilisierte menschliche Figuren – teils erfunden, teils auf einem realen Vorbild basierend –, die oft innerhalb eines festen Arrangements aus Bildfeldern statt eines Rapportmusters eine Geschichte erzählen oder an eine bestimmte Handlung erinnern. Solche Szenen eignen sich insbesondere für Behänge und Kissenbezüge, auf deren ebenen Flächen die mit äußerster Sorgfalt geschaffenen Dessins gut zur Geltung kommen.

Samt, England, um 1320–1340
Eine dekorative, als Applikation für ein Priestergewand (Albe) gefertigte Arbeit mit Szenen aus dem Leben der Jungfrau Maria in reicher Stickerei. Sie befinden sich jeweils in einem eigenen gotischen Bogen. Das Stück demonstriert den kraftvollen erzählerischen Stil, der für die häufig von Nonnen ausgeführte *opus-anglicanum*-Stickerei charakteristisch ist.

Leinencanvas, England, Mitte des 17. Jh.
Als Vorderseite eines Kissenbezugs geschaffen, wartet diese Stickerei in Wolle und Seide auf mit zwei Szenen aus der Geschichte Abrahams aus dem Alten Testament. Biblische Motive fanden im 17. Jh. großen Anklang und beruhten häufig auf zeitgenössischen illustrierten Erzählungen. Das Detail ist von bemerkenswerter Qualität.

Baumwolle, England, um 1780
Das Hauptmotiv dieses im Plattendruck bemusterten Stoffs besteht aus einer ländlichen Szene, in der ein Engel über einer Gruppe von ins Gespräch vertieften Männern schwebt. Die Bedeutung des Musters ist unklar, wenngleich biblische Szenen, die in zeitgenössischem Gewand daherkamen, im späten 18. Jh. nicht unbekannt waren.

Teppich, Frankreich, 1781
Handgestrickter Wollteppich mit einer Darstellung von Adam und Eva unterhalb eines zentralen Bildfeldes, das die Geschichte von Jakobs Traum illustriert. Der Teppich trägt die Inschrift *hilfe wirt gott ferner schicken meinen feinden zum verdrus* (Meinen Feinden zum Verdruss wird Gott weiterhin Hilfe senden).

Bildhafte Szenen

Leinen, Detail, England, frühes 18. Jh.
Thema dieses in Seidengarnen und Metallfaden mit Kreuz-, Satin-, Spalt- und Kettenstich bestickten Mustertuchs ist Königin Anne, die von 1702 bis 1714 regierte. Aufgrund seines quadratischen oder rechteckigen Formats ließ sich das typische Mustertuch gut rahmen und gab ein ideales Präsentationsmedium für Drucke und Gemälde ab.

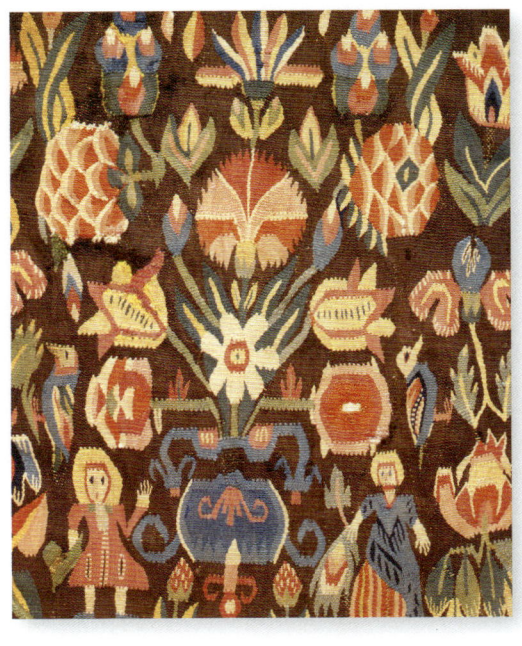

Leinen, Schweden, 1770–1820
Ein entzückendes Beispiel für eine Hochzeitstextilie, wie man sie in Südschweden für die Aussteuer junger Frauen webte. Solche Stücke weisen meist einen schwarzen oder dunkelbraunen Grund auf und sind mit kleinen bildhaften, von frei interpretierten Blumenmotiven umgebenen Vignetten verziert.

Seide, Indien, 19. Jh.
In Seide gefertigter bestickter Wandbehang oder *chakla*. Das Raster beinhaltet neun von floralen Mustern begrenzte Vignetten, die außer einer Fülle von verschiedensten Säugetieren und Vögeln auch stilisierte menschliche Figuren bei der Erledigung diverser Arbeiten zeigen.

Baumwolle, USA, 1930
1930 entwarf Ruth Reeves diesen bedruckten Mönchstuch-Dekostoff mit der Bezeichnung „Play Boy". In den 1920er-Jahren studierte sie bei dem Künstler Ferdinand Léger, dessen kubistische Arbeiten sie beeinflussten. Davon zeugt hier die kraftvolle Schlichtheit der Konturen.

Baumwolle, Detail, Indonesien, Entstehungszeit unbekannt
Batikstoff von der Nordküste der indonesischen Insel Java. Hier sieht man fantastische, Banner tragende Figuren und ein mit Stoffbahnen oder Bannern bedecktes Haus oder Karnevalswagen. Das Muster füllen noch weitere bizarre Figuren aus, die jeweils eine eigene symbolische Bedeutung haben.

Viskose, Großbritannien, 1948
Dieser bedruckte Stoff wurde von Julian Trevelyan gestaltet und für die Londoner Firma Ascher produziert. Trevelyan war Maler und dem Surrealismus in Großbritannien eng verbunden. Seine Arbeiten muten oft recht kindlich an, diese Szene bezaubert durch ihre Schlichtheit.

Jagdszenen

15. bis 20. Jahrhundert

Jagdszenen auf Textilien können sich einer langen und ehrenvollen Geschichte rühmen. Einige der frühesten Textilien zeigen Abbildungen von Löwenjagden, während spätere Stücke häufig den Jäger im Kampf mit dem starken, wilden Tier zeigen. Andere Arbeiten dieses Genres beinhalten Dessins, in deren Mittelpunkt Vogelfang, Falknerei oder Pferderennen stehen. Gelegentlich sind die Figuren in solchen Mustern sehr elegant gekleidet, was dem ganzen Ereignis einen eher gesellschaftlichen als zerstörerischen Charakter verleiht. Die folgenden Beispiele variieren erheblich in ihrer Darstellungsweise, das Jagdmotiv bleibt jedoch stets klar erkennbar.

Leinen, Stoffbahn, Flandern, um 1420–1430

Bedruckter Stoff mit einem Muster aus Figuren, die zwischen übergroßen Blatt-, Blüten- und Früchtemotiven Vogelfallen bedienen. Die ungleichmäßigen Konturen könnten dem Schneiden der Druckstöcke geschuldet sein. Die Szene wirkt außerordentlich lebendig und vermittelt den Eindruck echter Aktivität.

Bildwirkerei, Detail, südliche Niederlande, um 1435–1445

Die berühmten, in mit Naturfarben gefärbter Wolle gewirkten Devonshire-Jagdteppiche präsentieren eine Reihe von Jagdszenen. Dieser Ausschnitt stammt aus dem relativ großen „Boar and Bear Hunt" (Keiler- und Bärenjagd) genannten Stück und zeigt einen sich zusammenkauernden Mann mit Hunden, eine modisch gekleidete Dame und ein Pferd.

Satin, England, um 1600
Besticktes Kissen mit der Darstellung verschiedener ländlicher Zeitvertreibe wie Falknerei und Hirschjagd inmitten eines Obstgartens mit weiteren Vögeln und anderen Figuren. Die räumliche Aufteilung des Designs wurde sehr sorgfältig geplant, dem realistischen Größenverhältnis der Motive dagegen so gut wie keine Aufmerksamkeit geschenkt.

Satin, Detail, Indien, um 1605–1627
Szenen auf einem Satin-Jagdrock, der bedeckt ist mit Tier- und Blumenmotiven in Seidenstickerei. Die einprägsame Abbildung des Löwen mit seiner Beute weist deutlich darauf hin, dass dieses Kleidungsstück bei der Jagd getragen wurde.

Baumwolle, USA, 1930
Bei der Aiken Drag-Steeplechase (heute Aiken Steeplechase), die in South Carolina stattfindet, handelt es sich um eines der berühmtesten Hindernisrennen für Pferde der USA. Ruth Reeves feiert die Veranstaltung in dem von ihr entworfenen Dekostoff „Aiken Drag", dessen Farbgebung Bezug nimmt auf die Farben der Reituniform (grün mit gelbbräunlichem Kragen und weißer Reithose).

Weltweite Mythologie

19. bis 20. Jahrhundert

Bei Mythen, Legenden und Volksmärchen handelt es sich um Erzählungen, in denen Götter und andere Wesen aus längst vergangenen Zeiten vorkommen. Insbesondere Legenden sind Geschichten, die in der Vergangenheit spielen und oft menschliche Heldinnen und Helden in den Mittelpunkt stellen. Dagegen sind Volks- und andere Märchen in keinen bestimmten historischen Rahmen eingebunden und oft von Feen, Hexen und Tieren mit menschlichen Attributen bevölkert. Der Wert dieser Motive liegt darin, dass sie eine gewisse Universalität besitzen und der Designer sie nach Belieben interpretieren kann.

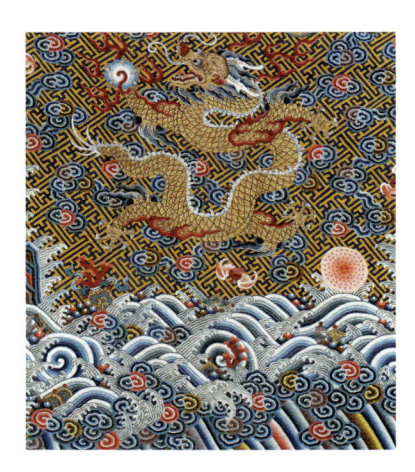

Seide, Detail, China, 19. Jh.
Rückteil eines gewirkten *kesi*-Gewandes (aus geschnittener Seide) mit einem Drachenmotiv vor einem stark gemusterten Hintergrund aus Wolken und Meer. Der Drache ist das Symbol des Kaisers. Im Kaiserreich China schrieb man ihm himmlische, gesetzgeberische und schöpferische Macht zu.

Leinen, Russland, 19. Jh.
Das Hauptmerkmal dieses in Kammgarn und Seide bestickten Handtuchs ist der doppelköpfige Adler in dem breiten Fries. In der byzantinischen Heraldik repräsentiert der Doppeladler die säkulare und religiöse Souveränität des Kaisers. Er wurde von anderen Kulturen übernommen, unter anderem von Russland.

Seide, Baumwolle und Wolle, England, späte 1890er-Jahre
Dieser doppelgewebte Stoff, ein Entwurf von Harry Napper, zeigt in einer Waldszene panähnliche Kreaturen beim Flötenspiel. Pan war der Gott der Hirten. Die gewundenen, wirbelnden Linien sind typisch für Jugendstilmotive.

Baumwolle, Detail, Japan, 20. Jh.
Ein schabloniertes Design ziert dieses Festgewand eines Fischers. Neben einem Meeresdrachen sieht man den Fischer in seinem Boot, umgeben von weiteren Symbolen und visuellen Anspielungen. Der Drache lebt im Meer und ist in diesem Kontext mit Blitz und Regenmachen verbunden.

Baumwolle, Großbritannien, 1930er-Jahre
Die Malerin und Designerin Nancy Nicholson schuf diesen bedruckten Stoff namens „The Unicorn" (Das Einhorn). Im Mittelalter galt das Einhorn als Symbol der Macht und des Prunks. Der mächtige Schatten scheint das Motiv beinahe zu überwältigen.

Landkarten und Stadtpläne

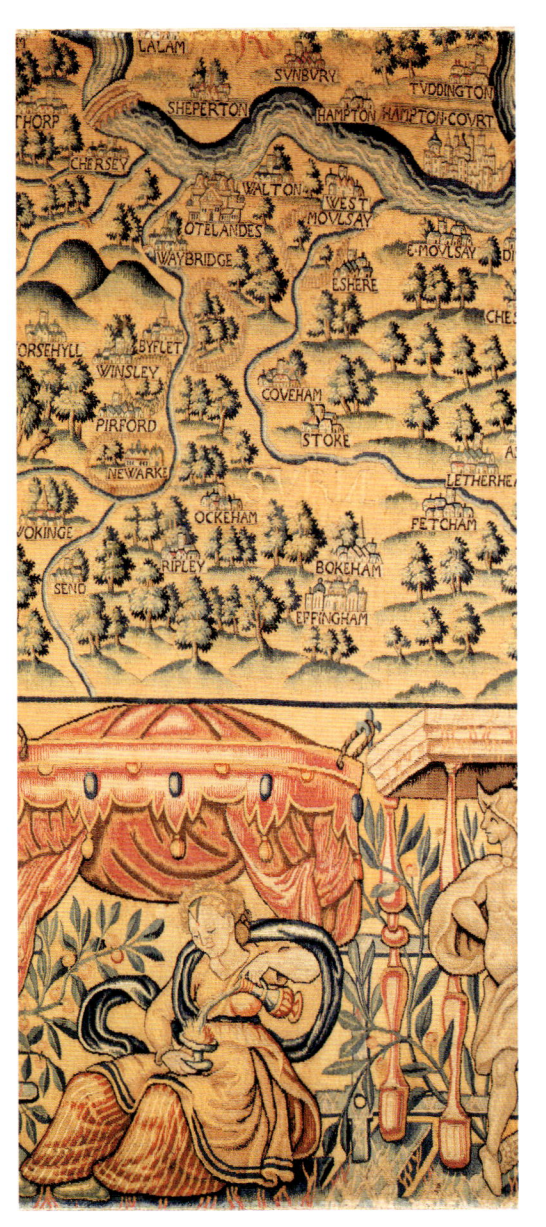

16. bis 20. Jahrhundert

In ihrer Verwendung als schmückende Motive variieren Landkarten zwischen akkuraten Darstellungen bestimmter geografischer Gebiete und fantasievollen Stilisierungen imaginärer Ansichten. Im Zweiten Weltkrieg führten Flugzeugbesatzungen für den Fall eines Absturzes auf Seide gedruckte Landkarten mit sich, in der Regel wurden textile Landkartenmuster jedoch allein wegen ihres dekorativen Potenzials produziert. Der folgende Querschnitt umfasst Beispiele aus einer breiten räumlichen und zeitlichen Spanne. Einige von ihnen sind detailliert und können topografisch gelesen werden, andere geben sich rein impressionistisch und beschränken sich darauf, einen Eindruck von dem betreffenden Gebiet zu vermitteln.

Wolle und Seide, Fragment, England, spätes 16. Jh.

In den Sheldon-Werkstätten hergestellt, präsentiert dieses Fragment eines großflächigen Stücks die Karte eines Gebiets im Süden von London. Der Entwurf wurde ergänzt durch Symbole und Bilder, die einer gedruckten Quelle entliehen sind und in Form von eingefügten und hervorgehobenen Details die Karte beleben.

Leinen und Wolle, England, 1780
Mustertücher waren ursprünglich als Vorlagen und Gedächtnisstütze für Stickerinnen gedacht, später fungierten sie als Nachweis für akademische und Handarbeitsfähigkeiten. In letzterem Fall zeichnete die Schülerin oder ihre Lehrerin die Karte, die anschließend gestickt wurde, auf den Canvas. Auf diese Art demonstrierte man sein Können auf beiden Gebieten.

Wolle, Detail, Indien, spätes 19. Jh.
Ein modischer „Stadtplan"-Schal, eher Kunstwerk als Kleidungsstück. In farbigen Wollen bestickt, präsentiert er die kaschmirische Stadt Srinagar in einem malerischen Panorama, das Gebäude und Umgebung detailreich wiedergibt.

Wolle, Detail, Indien, spätes 19. Jh.
Bestickter Schal aus Kaschmir mit einem Stadtplan von Srinagar, der jedoch detaillierter ist als der in dem Beispiel rechts oben. Der Plan zeigt einzelne Gebäude und Details des Flusses mit seinen Booten, Brücken und Reihen von Hausbooten.

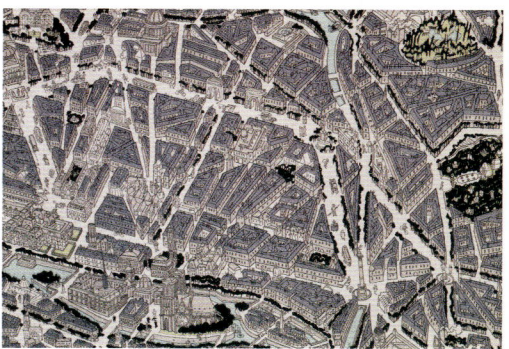

Seide, USA, 1927
Der Entwurf für den bedruckten Kleiderstoff aus Crêpe-de-Chine „Map of Paris" (Stadtplan von Paris) ist ein Werk von Ralph Barton. Die Weltausstellung von 1925 übte enormen Einfluss auf US-Designer aus, die darauf mit Gestaltungen reagierten, in denen sich das zeitgenössische Lebensgefühl ausdrückte.

Toiles mit Figuren

18. bis 19. Jahrhundert

Toile-de-Jouy ist der Oberbegriff für die malerischen Designs, die im Kupferplattendruck auf Baumwollstoff aufgebracht wurden und auch Entwürfe einschließen, die von den Arbeiten Christophe-Philippe Oberkampfs im französischen Jouy-en-Josas beeinflusst sind. Die Anziehungskraft der Toiles beruhte auf ihren bildhaften Darstellungen. Ihre Szenen aus dem zeitgenössischen Leben, der klassischen Antike, der Politik, dem Orient und dem Landleben wirkten wie ein Gegenmittel gegen die Förmlichkeit mancher vom Hofe beeinflussten Interieurs. Toiles dienten ursprünglich als sommerliche Behänge und Vorhänge, die die schwereren Stücke für den Winter ersetzten, doch infolge ihrer Popularität waren sie bald für jede Art von Einrichtungsgegenständen und Behängen erhältlich.

Baumwolle, England, um 1770–1780

Vorhang aus einem im Plattendruck dessinierten Stoff von Nixon & Co. mit einer ländlichen Szene vor einer Ruine. Zur Bemusterung dieses Beispiels benutzte man eine gravierte Kupferplatte, wie sie in den 1750er-Jahren im Textildruck eingeführt worden war. Sie ermöglichte neben einer größeren Feinheit der Details und Zartheit der Zeichnung auch erheblich umfangreichere Musterrapporte.

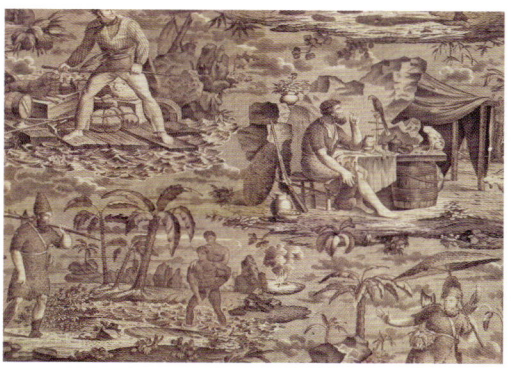

Baumwolle, Frankreich, um 1760–1800
Im Rouleauxdruckverfahren bemusterter Dekostoff, der in verschiedenen Szenen von Robinson Crusoes Leben auf seiner einsamen Insel erzählt. In Jouy-en-Josas hergestellt, bezeugt das Design nicht nur die breite Beliebtheit dieser Geschichte, sondern auch die Verwendung von Literatur als Inspirationsquelle für Muster.

Baumwolle, England, spätes 18. Jh.
Politisch inspirierte Muster kamen bei Toiles selten vor. Hier lenkt George Washington einen Wagen, in dem die allegorische Figur der Amerika sitzt, eine Schmuckplatte mit der Inschrift „American Independence 1776" (Amerikanische Unabhängigkeit 1776) in der Hand. Athene begleitet Benjamin Franklin und die Figur der Freiheit.

Baumwolle, England, um 1816–1820
Auf diesem Toile mit großem Rapport drängt sich eine riesige Vielfalt an Motiven, darunter Pflanzen, Tiere, Wagenlenker, die Göttin Britannia, Felsbrocken, Engel und Chinoiserien. Die Bedeutung dieses reizvollen, aber bizarren Sammelsuriums ist bekannt, doch wahrscheinlich diente es lediglich dazu, das Können des Graveurs zu demonstrieren.

Baumwolle, Frankreich, um 1800–1850
Ein typischer Toile mit einer ländlichen Szene, die das Landleben idealisiert darstellt. Dieses Detail zeigt einen Bauern mit seiner Frau, dazu Tiere, landwirtschaftliche Produkte und Geräte. Am unteren Rand des Rapports hält eine Frau in klassischem Gewand ein Baby.

Landschaften

16. bis 20. Jahrhundert

Mit dem Interesse an der Natur eng verbunden ist die Vorliebe für textile Landschaftsdarstellungen. Die folgende Auswahl bietet eine Reihe von teils gestalterischen, teils inhaltlichen Elementen, die die Blicke auf sich ziehen und die Designs in die Kategorie der thematischen Muster erheben. Wie die meisten anderen Sujets können auch Landschaften so weit abstrahiert werden, dass nur einige wenige, doch wesentliche Elemente die Aufmerksamkeit des Betrachters fesseln, oder sie können als möglichst naturgetreue Abbilder der realen Objekte auftreten.

Seide, Persien, 16. Jh.

Lampasstoff aus Seide und Metallfäden mit einem Rapportmuster aus Motiven, die gemalten persischen Miniaturen entlehnt sind. Dazu zählen Zypressen, Fantasievögel, ein Fischteich, eine Felsgruppe und ein ruhender Rehbock.

Teppich, Indien, um 1640

Dass ein Wappen – hier das von William Fremlin, einem hohen Beamten der Ostindien-Kompanie – in ein Muster einbezogen wurde, ist ungewöhnlich. Es befindet sich auf beiden Seiten der unteren Hälfte dieser im persischen Stil gestalteten Komposition, in der vor einem Hintergrund aus Blumen exotische Tiere miteinander kämpfen.

Leinen, Osmanisches Reich, 19. Jh.
In Seide und Metallfaden gestickt, beinhaltet die Bordüre dieses Handtuchs eine sich wiederholende stilisierte Landschaft mit einem von hohen Bäumen umgebenen Gebäude, die mittig unter einem Bogen platziert ist. Ein Fries aus Pflanzen sowie eine kleine Sonne, die jeweils zwischen zwei Bögen sitzt, vervollständigen das Dessin.

Baumwolle, England, 1904
Diese von den Silver Studios entworfene, als Kissenbezug konzipierte Arbeit ziert eine ländliche Szene. Das Muster ist im Stil von C.F.A. Voysey gehalten, einem der beliebtesten britischen Arts-and-Crafts-Designer.

Baumwolle, England, 1976
Jennie Foley gestaltete diesen im Siebdruckverfahren dessinierten Dekorationsstoff namens „Country Walk" (Spaziergang auf dem Lande). Das Muster, das Felder, einen Zaun und Baumreihen aufweist, erzeugt die beabsichtigte Stimmung durch seine Farbgebung sowie die Art der Stilisierung von Bäumen, Bodenoberfläche und Hecken.

241

Wappen

16. bis 17. Jahrhundert

Wappen verweisen bei textilen Mustern generell auf den Auftraggeber der Arbeit. Da sie ursprünglich zur Erkennung von Personen dienten, hatten sie eine spezielle rechtliche Funktion und unterlagen daher strengen Regeln. Ihre Verwendung bei Haushaltsgegenständen wie Kissen, Teppichen, Besteck und sogar Buntglasfenstern diente nicht nur zur Identifizierung einer Familie, sondern bot auch eine Möglichkeit, ihren Stammbaum und damit ihre gesellschaftliche Stellung zu demonstrieren. Die nachfolgend vorgestellten Beispiele sind zwar englischen Ursprungs, doch Wappen findet man in verschiedenen Formen auf der ganzen Welt.

Leinen, England, 16. Jh.
Bestickter Kissenbezug mit dem Wappen der Familie Warneford. Die Kombination von heraldischen Motiven der Familie mit Pflanzendarstellungen innerhalb einer rahmenden Bordüre war durchaus üblich und bei Gobelinstickereien weitverbreitet. Lange Kissen waren für solche Entwürfe ideal.

Bildwirkerei, Detail, England, um 1588
Ausschnitt aus einer großformatigen Landkarte, die in den Sheldon-Werkstätten in Warwickshire für Ralph Sheldon angefertigt wurde. Der Blick des Betrachters fällt zwar zuerst auf den wilden Eber, doch gleich darüber überlagert das Familienwappen unübersehbar einen Teil der Karte der Region.

Leinen, England, 1592
Kissenbezug zum Gedenken an die Hochzeit von Bernard Grenville und Elizabeth Bevill im Jahr 1592. Das Wappen der Eheleute ist mittig auf dem mit einem Blütenmuster bedeckten Grund platziert. Wohlhabende Familien schmückten häufig Haushaltsgegenstände mit ihrem Wappen, um ihre gesellschaftlichen Rang zu demonstrieren.

Canvas, England, um 1600
Bei solchen Aufnähern handelt es sich um kleine, gestickte Motive, die zum Ausschneiden und Aufnähen auf einen luxuriösen Unterstoff gedacht waren. Dieses in Seide und Metallfaden gestickte Exemplar zeigt die zusammengefügten Wappen der Familien Fitzwilliam und Sydney, was auf eine Heirat zwischen den Familien hindeutet.

Leinen, England, 17. Jh.
In farbiger Seide und Metallfaden bestickter Kissenbezug, auf dem neben dem königlichen Wappen von James II. auch der Name der Stickerin, Mary Hulton, zu sehen ist. Die Blumen, das Laubwerk und die Insekten in diesem Muster zeugen von dem damaligen Interesse an der Natur.

243

Rund um den Globus

18. bis 19. Jahrhundert

Die folgende Sammlung von Mustern aus der ganzen Welt greift einige der typischen und zugleich stereotypen Darstellungen heraus, die für Fremde das Bild einer bestimmten Nation prägen. In manchen Fällen besteht das Muster lediglich aus einer Handvoll klischeehafter Motive, in anderen stellt es ein berühmtes Monument oder eine Tradition in den Mittelpunkt. Hawaiihemden, das mit Indien assoziierte Paisleymotiv und die in Abbindetechnik gefärbten Muster Südostasiens sind allesamt Beispiele für Designs, die man mit einer bestimmten nationalen Identität verbindet. Während die Muster für ihre ursprünglichen Schöpfer eine besondere Bedeutung besitzen können, büßen sie diese in der Übertragung oft weitgehend ein.

Seide und Baumwolle, Mexiko, um 1775–1800

Dieser Schal vereint interessante Kombinationen von Mustermotiven in sich. Der größte Bereich ist durch Streifen und Chevrons in Bänder unterteilt, die Raum lassen für bildhafte Darstellungen von Frauen, Tänzern und uniformierten Soldaten, die durch eine Girlande miteinander verbunden sind.

Baumwolle, Frankreich, 1880er-Jahre

Im Siebdruckverfahren dessinierter Kleiderstoff mit einem Muster aus Pyramiden, Palmen, Kakteen und einer Sonne, in dem sich ein Interesse am alten Ägypten manifestiert, das in Frankreich zur Zeit Napoleons erwachte. In ihrer Gesamtheit vermitteln die Elemente durch Assoziation ein Bild von Ägypten. Die Darstellung ist stilisiert, möglicherweise unrealistisch und mit Sicherheit naiv.

Baumwolle und Wolle, Kanada, um 1885–1899

Edward Graf hat den Namen seiner Tagesdecke „Cherubim" auf deren Vorder- und Rückseite eingewebt. Er war ein professioneller Weber, der in seinen Entwürfen alte und neue Motive kombinierte. Gewebte Tagesdecken verbindet man insbesondere mit Nordamerika.

Wolle, Ungarn, 1936

Ein *szur* bezeichnet einen madjarischen Umhang, der traditionell wie ein Cape über den Schultern getragen wurde. Dieses Modell ist reich geschmückt mit Stickereien und Filzapplikationen aus kunstvoll geschnittenen Mustern. Das ganze Stück, auch die Applikationen, wurde ausschließlich von männlichen Schneidern gefertigt.

Baumwolle, Detail, USA, 1950er-Jahre

In den 1950er-Jahren noch ein akzeptables dekoratives Design, ist dieses Tischtuch mit seinem hochgradig stereotypen mexikanischen Siebdruckmotiv inzwischen wegen seines Kitsches ein begehrtes Sammlerstück. Bei einem modernen Entwurf wäre eine solche Darstellung wohl kaum denkbar.

Glossar

ABBINDEREERVIERUNG Reserveverfahren, bei dem das zu färbende Material zuerst in einem bestimmten Muster gefaltet, verdreht oder gestaucht und dann mit Schnur oder Gummibändern abgebunden oder zusammengebunden wird. Die Abbindungen verhindern das Eindringen der Farbe in das Färbegut und erzeugen so ein Muster, das nach Entfernen der Abbindungen auf dem gefärbten Stoff zu erkennen ist.

ABSTRAKTES MUSTER Muster, die so verändert wurden, dass sie nicht mehr abbildend, gegenständlich oder naturalistisch sind.

AKANTHUS Blätter der mediterranen Akanthuspflanze, die ursprünglich in der antiken Architektur für Voluten und Ornamente herangezogen wurden, finden seit der Renaissance in Kunst und Design breite Verwendung. Mit der Fortdauer des Lebens verbunden, ist die Pflanze Teil des traditionellen Blumenschmucks bei Begräbnissen.

ALLOVER-MUSTER Muster, bei dem ein ganzer Bereich mit zahlreichen planvoll verteilten Motiven bedeckt ist, die floral, naturalistisch oder abstrakt sein können.

APPLIKATION Ausgeschnittene Stoffstücke, die so auf einen Unterstoff genäht werden, dass sie ein Design oder ein Muster ergeben.

ARABESKE Ein vor allem in der Renaissance beliebtes Design mit symmetrischen, krummlinigen Formen oder Zweigen, das oft noch weitere Motive beinhaltet.

ARGYLE Muster aus verschiedenfarbigen Rauten, die gewöhnlich von Linien gekreuzt werden. Kommt vorwiegend bei Massenware vor.

ART DÉCO In den 1920er- und 1930er-Jahren populärer Designstil, den man mit stilisierten Motiven verbindet, einschließlich geometrischen und floralen.

ARTS AND CRAFTS Designbewegung des späten 19. Jh., die handwerkliches Können und hochwertiges Design befürwortete. Wird vor allem mit William Morris in Verbindung gebracht.

AUSBRENNERDRUCK ODER DÉVORÉ Druckmethode, bei der eine Ätzflüssigkeit auf ein Mischfasergewebe aufgebracht wird, um Fasern aufzulösen. Das Muster erscheint schattenhaft auf der Stoffoberfläche.

AUSGEWOGENER ENTWURF Entwurf ohne offensichtliche Lücken, Brüche oder Linien, wie sie durch die Dominanz eines Motivs gegenüber einem anderen entstehen können.

BAROCK Stil des 17. Jh., für den überbordende, komplexe und die Sinne ansprechende Verzierungen typisch sind.

BATIK Reservetechnik, bei der auf den Stoff aufgetragenes Wachs beim Färben an bestimmten Stellen das Eindringen von Farbe in den Stoff verhindert und auf diese Weise ein Muster erzeugt.

BATIST Halb transparenter, leinwandbindiger Stoff aus feinem Baumwollgarn.

BAUHAUS Einflussreiche deutsche Designschule des frühen 20. Jh., die die Designtheorie maßgeblich beeinflusste.

BAUMWOLLE Naturfaser, die in den Samenkapseln der Baumwollpflanze wächst. Man unterscheidet vier Hauptsorten. Baumwolle ist generell sehr elastisch, widerstandsfähig gegenüber hohen Temperaturen, gut waschbar und sehr gut färbbar.

BEIZE Substanz, die die chemische Struktur der Faser verändert, sodass der Farbstoff besser daran anbinden kann.

BILDWIRKEREI Bezeichnung für eine Technik und das in ihr hergestellt Produkt. Bei der Bildwirkerei wird auf einem Webstuhl von Hand nach einer Vorlage ein Gewebe gewirkt. Die Schussfäden werden nach Bedarf eingearbeitet, erstrecken sich jedoch nicht über die volle Breite der Arbeit.

BINGATA Mithilfe von Schablonen in einem Reserveverfahren gefärbter Stoff von der Insel Okinawa aus der Zeit des Königreichs Ryūkyū. Bingata weisen häufig leuchtende Farben und verschiedene Muster auf, die oft natürliche Sujets wie Fische, Wasser und Blumen zeigen.

BOTANISCH Jedes Muster, dessen Stil auf botanischen Illustrationen beruht, insbesondere genau betrachtete und realistisch wiedergegebene natürliche Formen.

BROKATELL Damast mit leinwand- oder atlasbindigem Grund mit in Atlas- oder Köperbindung eingewebtem Design. Durch die unterschiedlichen Bindungen entsteht ein subtiler Kontrast.

BUFFALOKARO Markantes Karomuster aus Blöcken in zwei oder drei kontrastierenden Farben. Eine beliebte Variante ist ein Köpergewebe mit roten und schwarzen Karos.

CHEVRON Horizontal über eine Fläche verlaufendes Fischgrat- oder Zickzackmuster.

CHINABLAU Das Bedrucken von Stoff mit Indigo wurde im 18. Jh. in England entwickelt. Die Bezeichnung Chinablau ist auf das blaue Muster auf weißer chinesischer Keramik zurückzuführen.

CHINOISERIE Verwendung von chinesisch beeinflussten Designmotiven in der dekorativen Kunst des Westens.

CHINTZ Ursprünglich eine Bezeichnung für die aus Indien importierten bemalten oder gefärbten Baumwollstoffe, versteht man heute unter einem Chintz ein leinwandbindiges Baumwollgewebe mit Glanzausrüstung, das eine feine handgewebte Kette und einen gröberen, weich gedrehten Schuss aufweist. Es wird in einem Schnelldruckverfahren mit Mustern dessiniert, die gewöhnlich mindestens fünf Farben beinhalten.

DAMAST Auf dem Jacquardwebstuhl gewebter Seiden- oder Wollstoff mit einem einfarbigen eingewebten Muster aus dekorativen stilisierten Motiven, der aufgrund seiner Webart einen Ton-in-Ton-Effekt aufweist.

DIAPER Auf Rautenformen basierendes Rapport- oder auch Würfelmuster.

DURCHSICHTIGER VORHANGSTOFF Leichte Mischfaserware, die in der Regel in hellen neutralen Farben gefärbt ist.

ÉPINGLÉ Spezielles, samtartiges Gewebe mit langen Schlingen, das in Belgien auf Rutenstühlen hergestellt und häufig auch als „Mokett" bezeichnet wird, wenn die Schlingen aufgeschnitten sind. Épinglés werden in der Regel aus hochwertigster Baumwolle gefertigt, die einen sehr weichen, dabei haltbaren Stoff ergibt.

ETHNISCHE MUSTER Spezielles Designmerkmal, das man mit einer bestimmten Nationalität verbindet.

FIGÜRLICHE MUSTER Dessin mit Menschen- oder Tierfiguren.

FLACHS Das Rohmaterial für Leinengarne, das aus den Stängeln der *Linum*-Pflanze gewonnen wird. Die lange, gebrochen weiße oder gelbbraune, hoch glänzende Faser ist eine der reißfestesten Pflanzenfasern und sehr saugfähig. Trotz seiner Knitterneigung ist Leinengarn außerordentlich nützlich.

FLEUR-DE-LYS (FRANZÖSISCHE LILIE bzw. BOURBONENLILIE) Stilisiertes Lilienmotiv mit drei oder vier Blütenblättern. Ursprünglich ein mittelalterliches Wappensymbol, das für Reinheit stand.

FLÜCHTIG Farbstoffe, die sich leicht entfernen lassen oder leicht ausbleichen. Dagegen bezeichnet man Farbstoffe, die wiederholtem Waschen und starker Lichteinstrahlung standhalten, als wasch- bzw. lichtecht.

FOULARD Seiden- oder Viskosestoff in Atlas- oder Köperbindung.

GARNGEFÄRBT Bezieht sich auf Gewebe, für die das Garn vor dem Weben gefärbt wurde. Die meisten hochwertigen Textilien sind garngefärbt.

GERADER VERSATZ Ein sich auf einer Linie wiederholendes Muster – die Rapporte liegen exakt neben- und untereinander.

GINGHAM Baumwollstoff mit eingewebten oder aufgedruckten kleinen Karos, die durch gleichfarbige Streifen gebildet werden.

GIRLANDE Klassisches Motiv aus Blüten, Früchten und Blattwerk. Schließt man das Blattwerk an den Enden zum Kreis, entsteht ein Kranz, drapiert man die Girlande halbmondförmig, erhält man einen Feston, der in der Mitte dicker ist.

GROBLEINEN bzw. GROBER DRELL Grob gewebter Stoff aus dickem, ungleichmäßigem Garn, das eine strukturierte Oberfläche erzeugt.

GRÖSSE Bezieht sich auf die Größe eines Motivs oder Musters. Das Vergrößern oder Verkleinern eines Musters ist potenziell von Nutzen für unterschiedliche Anwendungsbereiche.

GROTESKE Ornament, das verschiedene, häufig Motive wie Menschen- und Tierfiguren, Mischwesen, Girlanden, Laubwerk etc. in sich vereint, die eine stützende

Glossar

Funktion haben können. Es geht auf römische Wanddekorationen zurück, die in Grotten gefunden wurden (ital. *grotta* = Höhle, *grottesco* = wild, fantastisch).

GRUND bzw. FOND Bezeichnung für die Oberfläche einer Textilie, die für die Darstellung oder das Muster den Hintergrund bildet.

GUILLOCHE Muster aus einem sich wiederholenden Band aus ineinandergreifenden Formen, die häufig Kreise bilden.

HAHNENTRITT Muster aus kleinen Karos, die an vierzackige Sterne erinnern.

HALBVERSATZ IN DER LÄNGE Gängige Gestaltungsmethode für ein Rapportmuster, bei der vertikale Reihen aus Motiven um eine halbe Motivhöhe gegeneinander versetzt werden. Wird jede zweite Reihe auf diese Weise versetzt, entsteht ein interessantes Muster, das mit weniger Motiven auskommt und es vermeidet, durch die Anordnung von gleichen Motiven auf gleicher Höhe zu langweilen.

IKAT Färbemethode, bei der Teile des Garns vor dem Färben abgebunden werden, damit sie keine Farbe annehmen. Beim Weben kommt durch die Mischung aus gefärbten und ungefärbten Fäden ein Muster zustande.

INSELMUSTER Sich wiederholendes Motiv, das isoliert auf einem einfarbigen Grund platziert ist.

JACQUARDWEBSTUHL Webstuhl, der eine Reihe von oben befestigten Lochkarten kontrolliert. Mittels Lochkartensteuerung werden die Kettfäden gehoben oder gesenkt, was die komplexesten Muster ermöglicht. Joseph-Marie Jacquard entwickelte 1805 diese revolutionäre Technik in Frankreich.

JUGENSTIL Dekorativer Kunststil des späten 19./frühen 20. Jh., der insbesondere mit gewundenen fließenden Linien zwischen anderen abstrahierten oder formalisierten Motiven verbunden wird.

KARNIES S-förmige Linie, die sowohl eine konvexe als auch eine konkave Krümmung aufweist.

KARTON Zeichnung in Originalgröße auf schwerem Papier. Kartons können für Arbeiten in Bildwirkerei oder anderen textilen Fertigungstechniken entworfen werden.

KARTUSCHE Eigentlich dekoratives Element in der Architektur. Der Zierrahmen kann mit Voluten versehen sein und rahmt Wappen, Texte oder Porträts. Es kann für bestimmte Teile eines Musters verwendet werden, um die Gestaltung eines Rapports zu erleichtern.

KELTISCHER KNOTEN Dekoratives Motiv, das auf frühe keltische Muster zurückgeht. Es besteht aus verflochtenen Bändern, die nahtlos ineinander überzugehen scheinen.

KENTE Afrikanische Stoffe aus schmalen gewebten Streifen, die aneinandergesetzt werden und kraftvolle, lebhafte Muster ergeben.

KETTE Auf einem Webstuhl in Längsrichtung verlaufende Fäden.

KETTDRUCK Stoff, bei dem das Muster vor dem Weben auf die Kette aufgedruckt wurde. So entsteht ein etwas verschwommenes Muster mit weichen Konturen, das in seiner Wirkung an impressionistische Kunst erinnert.

KIMONO Wichtiges japanisches Kleidungsstück, das sich durch gerade Nähte auszeichnet und nach einem Standardschnittmuster gefertigt wird. In der Regel wird es aus einer 12–13 m langen und 36–37 cm breiten Stoffbahn zugeschnitten.

KLASSIZISTISCHE MUSTER Verwendung von Mustern, die in Bezug auf Proportion und Symmetrie auf griechischen und römischen Vorbildern beruhen.

KÖPERBINDUNG Grundbindung, bei der in regelmäßiger Abfolge die Schussfäden so über zwei oder mehr Kettfäden (oder umgekehrt) hinwegführen, dass ein diagonales Muster entsteht.

KONTURQUILTEN Handquilttechnik, bei der bei einem bedruckten Stoff die Quiltlinien den Konturen der Motive innerhalb des Designs folgen. Dadurch entsteht ein plastischer Effekt.

KOPFMUSTER Muster, das in eine bestimmte Richtung ausgerichtet sein muss, um die gewünschte Wirkung zu erzielen.

KREPP Stoff mit unregelmäßiger, gekräuselter Oberfläche, der vorwiegend für Kleidung produziert wird, bisweilen aber auch als Dekostoff.

KROKI Aquarellskizze auf Layoutpapier für eine Entwurfsidee, die nur teilweise realisiert oder in ein Rapportmuster umgesetzt worden ist.

LEINWANDBINDUNG Einfachste Grundbindung, bei der jeder Schussfaden abwechselnd unter und über einen Kettfaden hinwegführt. Kett- und Schussfäden sind gleich dick und gleich weit voneinander entfernt, was ein ausgewogenes Erscheinungsbild bewirkt.

LISERÉ Stoffkonstruktion, für die eine zusätzliche Kette benötigt wird. Diese Kette kann dazu dienen, ausgewählte Bereiche der Stoffoberfläche mit Farbe und Details zu versehen. Wo der Liseréeffekt nicht auf der Stoffoberseite erkennbar ist, liegt er auf der Stoffunterseite in Form von locker eingearbeiteten „Flottierungen" verborgen. Die Technik wird häufig für Streifenmuster verwendet.

MÄANDER Architektonisches Bordürenmuster aus ineinandergreifenden Linien und rechten Winkeln.

MADRAS Ursprünglich feine Baumwollstoffe aus Indien, die für Kleider oder Hemden verwendet wurden und gewöhnlich Streifenmuster, kleine Karomuster oder Schottenmuster zeigen.

MILLEFLEURS Französisch für „tausend Blumen". Dekor aus kleinen, gestreuten Blumen, die sich unregelmäßig verteilen.

MODELDRUCK Druckverfahren, bei dem das Muster mittels geschnitzter hölzerner Druckstöcke direkt auf die Stoffoberfläche aufgebracht wird.

MOGULREICH Reich, das vom frühen 16. Jh. an Indien beherrschte und sich über einen großen Teil des indischen Subkontinents erstreckte. In kultureller Hinsicht resultierte die Verschmelzung der persischen Kultur mit den indischen Traditionen in einer herrlichen Blüte von Kunst und Design.

MOIRÉ Stoff, dessen Aussehen an verschüttetes Wasser erinnert. Dieser Effekt entsteht u. a. durch extrem starken, doch ungleichmäßigen Druck, der mit einer heißen Walze auf einen gefalteten, befeuchteten gerippten Stoff ausgeübt wird.

MOSAIK Design aus vielen kleinen Teilen, die entweder zu Motiven oder zu asymmetrischen Mustern zusammengesetzt werden.

MOTIV Dekoratives Designelement, das in der Wiederholung häufig die Grundlage eines vollständigen Entwurfs bildet.

NADELMALEREI Stickerei in feinem, zweifädigem Kammgarn auf einem Mischfasergewebe in Köperbindung.

NATURALISTISCH Darstellung von organischen Formen in einer Weise, die sie dem realen Vorbild so ähnlich macht, dass man sie sofort erkennt.

NEGATIVFLÄCHE Auf einer gemusterten Fläche verbleibender Raum zwischen den Motiven.

OMBRÉ Von Hell zu Dunkel anschwellender und wieder zu Hell abschwellender, schattenartiger Effekt. Häufig in Verbindung mit Streifen.

OPTISCHE KUNST bzw. OP-ART Abstrakte Kunstbewegung der Malerei, deren Einfluss sich stark in der Mustergestaltung der angewandten und dekorativen Kunst zeigt. Viele Op-Art-Muster erzeugen optische Illusionen und scheinen sich zu bewegen.

PAISLEY Hochgradig stilisiertes Muster indischen Ursprungs mit charakteristischen Blütenmotiven und abstrakten Formen, das bei Stoffen häufig als aufgedrucktes oder eingewebtes Dessin zu finden ist.

PANAMABINDUNG Ableitung der Leinwandbindung, bei der sich zwei oder mehr Kettfäden mit der gleichen Anzahl von Schussfäden kreuzen und so ein Muster ergeben, das einem Flechtmuster ähnelt.

POSITIVFLÄCHE Der von Motiven bedeckte Bereich einer Textilie. Der Gegensatz zur Negativfläche.

RAPPORT Mittel, ein Design so zu planen, dass es immer wieder in ein vorgegebenes Format passt. Jeder Rapport ist eine Einheit, die sämtliche verschiedene Elemente des Designs enthält. Rapporte bezeichnet man als Versatz, etwa Halbversatz, Viertelversatz, Drittelversatz etc. Es gibt auch Rapporte ohne Versatz.

RENAISSANCE Epoche vom 15. bis 16. Jh., in der bedeutende Designinnovationen entstanden, die auf der Wiederbelebung antiken Wissens und seiner Anwendung beruhten.

Glossar

RESERVEDRUCK Bedrucken mit einer farbabweisenden Substanz, die bewirkt, dass beim Färben der Hintergrund Farbe annimmt.

RÖMERSTREIFEN Leuchtende, breite Streifen.

ROKOKO Im 18. Jh. populärer dekorativer Stil, der sich durch asymmetrische, auf Muschel- und Laubwerk sowie S-förmigen Kurven basierende Ornamente auszeichnet.

ROULEAUXDRUCK Methode, bei der mittels gravierter Walzen ein Material ohne Abzusetzen bedruckt wird.

SCHAFTMUSTER Regelmäßiges Rapportmuster aus kleinen symmetrischen Figuren, die auf Schaftwebstühlen oder -maschinen durch das Anheben von Schäften entstehen.

SCHUPPENMUSTER An Fischschuppen erinnerndes Muster.

SCHUSS Quer über einen Stoff verlaufende, unter und über den Kettfäden liegende Fäden.

SEITENRAPPORT Sich horizontal wiederholendes Muster.

SHIBORI Japanische Bezeichnung für das Bemustern eines Stoffs durch Färben, wobei der Stoff zunächst abgebunden, gefaltet, verdreht oder zusammengepresst wird, sodass bestimmte Bereiche entstehen, in die der Farbstoff nicht eindringen kann und die so das Muster ergeben.

SIEBDRUCK Manuelles oder maschinelles Druckverfahren, bei dem ein mit einer Schablone versehenes und in einen Rahmen gespanntes Sieb um einen Stoff oder ein Papier herum oder darauf positioniert und die Farbe mit einer Rakel durch das Sieb auf den zu bedruckenden Stoff gedrückt wird. Für jede im Muster vorkommende Farbe benötigt man einen gesonderten Siebdruckrahmen.

SPANDRILLE bzw. BOGENZWICKEL Fachbegriff aus der Architektur für den dreieckigen Bereich, der zwischen der Rundung eines Bogens und einer den Bogen umgrenzenden rechtwinkeligen Rahmung entsteht.

STRIÉMUSTER Streifenmuster, das infolge dezenter Abweichungen in Farbe oder berflächenmuster eine bestimmte Musterrichtung aufweist.

SYMMETRISCHE STREIFEN Muster aus Bündeln von mehreren – meist schmaleren – Streifen, die jeweils beiderseits eines Mittelstreifens symmetrisch angeordnet sind.

TISCHDRUCK Art des Siebdrucks, bei der der Stoff gedehnt und auf einer Tischplatte fixiert wird und die Siebdruckrahmen Musterrapport für Musterrapport manuell oder maschinell die Tischplatte entlang weiterbewegt werden.

TROMPE-L'ŒIL Darstellung, die die Illusion erweckt, dass die abgebildeten Objekte tatsächlich dreidimensional vorhanden seien.

VERSATZ Betrifft den Grad der vertikalen, horizontalen oder schrägen Verschiebung eines Musterteils. Kann sich auf das Ausmaß oder die Entfernung beziehen, um die ein Element gegenüber den anderen verschoben ist. Der Versatz kann auch als Mittel dienen, um ein ausgewogenes Design zu erzielen.

VIERPASS Geometrische, ursprünglich in der Architektur anzutreffende Form. Sie besteht aus vier nach außen weisenden Kreisbögen und ist charakteristisch für gotisches Mauerwerk. Der Vierpass wird oft bei dekorativen Mustern eingesetzt, um ihnen einen gotischen Anstrich zu verleihen.

VOGELAUGENMUSTER Auf einen Stoff aufgebrachtes Oberflächenmuster mit kleinen, gleichförmigen Tupfen, die an Vogelaugen erinnern.

VOLUTE Eigentlich Bezeichnung aus der Architektur für ein spiralförmiges Dekor auf jeder Seite eines ionischen Kapitells oder an einer Fassade. Voluten könnten ursprünglich ein Widderhorn dargestellt haben. Flächige Voluten gehören heute zum Repertoire des Musterdesigners.

YUZEN Färbetechnik für Seidenstoff, bei der die Bereiche, die nicht gefärbt werden sollen, mit Reispaste abgedeckt werden. Die Technik ist benannt nach dem japanischen Maler Miyazaki Yuzen, der sie im 18. Jh. erfand.

Quellen

Literatur (Auswahl)

Cole, Drusilla, Designmuster, Bern 2007

Drury, R., und Drury, Y., Muster drucken. Ideen und Projekte vom Stempel zum Siebdruck, Bern 2010

Edwards, C., Encyclopedia of Furnishing Textiles, Floorcoverings and Home Furnishing Practices 1200-1950, London 2007

Gillow, J., und Sentance, B., Atlas der Textilien, Bern 1999

Harris, J., 5000 Years of Textiles, London 1993

Issett, R., Print, Pattern and Colour, London 2007

Jenkins, D. (Hg.), The Cambridge History of Western Textiles, 2 Bde., Cambridge 2003

Joyce, C., Textile Design: The Complete Guide to Printed Textiles for Apparel and Home, New York 1997

Meller, S., und Elffers, J., Textile Designs: 200 Years of Patterns for Printed Fabrics Arranged by Motif, Colour, Period and Design, London 1991

Montgomery, F., Textiles in America 1650–1870, New York 2007

Newall, D., und Unwin, Ch., Die Geschichte der Muster. Eine Zeitreise durch drei Jahrtausende, Bern 2012

Nylander, J.C., Fabrics for Historic Buildings, Washington 1983

Paine, M., Textile Classics: A Complete Guide to Furnishing Fabrics and their Uses, London 1990

Paine, S., Bestickte Textilien aus fünf Kontinenten: Erkennungsmerkmale, traditionelle Muster und ihre Symbolik, Bern 1991

Pellon, N., kleinkariert. Wege zum Muster im Textildesign, Bern 2012

Schoeser, M., English and American Textiles: From 1790 to the Present, London 1989

Schoeser. M., World Textiles: A Concise History, London 2003

Style, B., Neue Muster – 750 Patterns. Flächendesign aus der ganzen Welt, Bern 2010

Tortora, P. G., und Merkel, R. S., Fairchild's Dictionary of Textiles, 7. Aufl., New York 1996

Museen

Großbritannien

Fashion Museum, Bath

British Museum, London

Victoria and Albert Museum, London

USA und Kanada

Museum of Fine Arts, Boston

The Art Institute of Chicago, Chicago

Los Angeles County Museum of Art, Los Angeles

Philadelphia Museum of Art, Philadelphia

Royal Ontario Museum, Toronto

Textile Museum of Canada, Toronto

Smithsonian Institution, Washington

The Textile Museum, Washington

Colonial Williamsburg Foundation, Williamsburg

Deutschland

Bauhaus-Archiv e. V. – Museum für Gestaltung, Berlin

Bayerisches Nationalmuseum, München

Deutsches Historisches Museum, Berlin

Deutsches Museum, München

Deutsches Textilmuseum, Krefeld

Kunstgewerbemuseum, Berlin

Kunstsammlungen Chemnitz, Chemnitz

Staatliches Textil- und Industriemuseum (tim), Augsburg

Frankreich

Musées des Tissus et des Arts Décoratifs, Lyon

Musée de l'Impression sur Etoffes, Mulhouse

Schweiz

Museum des Landes Glarus (Freulerpalast), Näfels

251

Register

A
Abbindereservierung *siehe* Färben
Abstrakte Muster 9, 55, 146–165, 246
Ägypten 40, 50, 90, 154, 169, 198, 208, 216, 245
Aesthetic Movement 69, 96, 97
Afrika, 35, 46, 154, 186, 203
Ahorn *siehe* Blätter
Akanthusblätter *siehe* Blätter
Akeleien *siehe* Blumen
Algerien 29
Alice im Wunderland 225
Allover-Muster 246
Ananas *siehe* Früchte
Anderson and Sheppard 201
Andrada, Madame de 150
Anne, Königin von England 230
Antependium 36
Antike 78, 105, 111, 127, 208, 218, 238
Applikation 213, 228
Arabesken 13, 104, 105, 108, 112, 246
Architekturmotive 178–181
Ardebilteppich 168
Argylemuster 246
Art déco 15, 46, 47, 53, 59, 80, 87, 89, 127, 130, 150, 153, 154–155, 162, 173, 177, 179, 189, 196, 203, 246
Arts and Crafts 11, 14, 15, 17, 25, 47, 205
Ascher Studios, London 39, 93, 180, 231

Audubon, John James 91, 92
Azaleen *siehe* Blumen

B
Bänder 59, 70–71, 121, 125, 149, 166, 168, 212, 222, 244
Bäume 31, 48–51
  Eiche 51
  Kiefer 51, 125, 133
  Weide 79
Bambus 8, 29, 48, 71, 120, 124, 125
Bannister Hall, Preston 74
Barbier, Georges 35
Barron, Phyllis 187
Barton, Ralph 205, 237
Batiken *siehe* Färben
Batist 246
Baudouin, Christopher 68
Bauhaus 246
Beizen *siehe* Färben
Belgien 21, 53
Belutschistan 129
Bettzelt 34
Bienen *siehe* Tiere
Bildwirkerei 10, 16–17, 83, 90, 91, 98, 159, 204, 208, 211, 216, 232, 242
bingata 91, 246
Blätter 11, 13, 14, 15, 23, 29, 34, 38, 40–47, 49, 52, 56, 57, 59, 60, 61, 68, 70, 74, 75, 79, 81, 86, 107, 111, 113, 116, 120, 125, 139, 154, 164, 169, 209, 204
  Ahorn 44
  Akanthus 45, 83, 93, 103, 246
  Eiche 40
  Efeu 40

Farn 45, 165
Blumen 58–59, 68–69
  Akeleien 66
  Azaleen 121
  Chrysanthemen 125, 129, 142, 152
  Disteln 58, 165
  Flieder 109, 139
  Geißblatt 79
  Krokusse 77, 81
  Mohnblumen 8, 39, 81
  Narzissen 11, 58, 76
  Pfingstrosen 66, 81, 125
  Rittersporn 67, 77
  Rosen 66, 67, 80, 176
  Sonnenblumen 69
  Tulpen 45, 62, 79, 81, 106, 113
  Wiesenblumen und Gräser 54–55
  siehe auch Florale Muster
Blumenkörbe *siehe* Florale Muster
Blumensträuße *siehe* Florale Muster
bodhi 40
Bonfils, Robert 46, 47, 155
boteh-Motive 13, 31, 101, 104, 114–115, 116, 117
Bouzois, Jean 144
Bradley, T. 133
Brokatell 12
Bromley Hall 54
Brooks, Evelyn 145
Broschierung/ broschieren 12, 38, 50, 59, 64, 110, 120, 123, 132, 142
Brown, Barbara 127, 145, 153, 189
Brown, Gregory 27, 130

Brüsseler Spitze *siehe* Spitze
Bruhns, Ivan da Silva 154
Buffalokaro *siehe* Karos
Bull, H. J. 141
Burma 96, 212, 213, 217
Burne-Jones, Edward 17
Bursa 206
Byzanz 200, 224

C
Calder, Alexander 161
Cambay 60
Capey, Reco 15, 25
Century Guild 97, 207
Chareau, Pierre 179
charkhana sangi 188
Chevrons 128, 129, 130, 247
Chimutextilien 159
China 25, 28, 81, 88, 94, 103, 137, 143, 146, 168, 169, 207, 213, 234
Chinablau 54
Chinoiserie 247
Chintz 72–73, 74–75, 247
Chrysanthemen *siehe* Blumen
Clowns 225
Cocteau, Jean 222
Cole, Henry 61
Crane, Walter 211
Craven, Shirley 163
Crosland, Neisha 131, 153, 165
Crusoe, Robinson 239
cyma recta 140

D
Damast 12, 33, 247
Day, Lewis Foreman 14, 79, 109
Day, Lucienne 49, 111, 161

Dearle, John Henry 11, 76
Deutschland 21, 138
Devonshire-Jagdteppiche 232
Diapermuster 247
Disteln *siehe* Blumen
Dorn, Marion 153, 155, 183, 209
Drache *siehe* Fabeltiere
Drell 187, 188
Dresser, Christopher 105
Drosseln *siehe* Tiere
Drucktechniken 14–15
  Duplexdruck 55
  Kupferplattendruck 14, 54
  Modeldruck 14, 15, 25, 35, 39, 45, 66, 71, 74, 75, 76, 83, 108, 109, 117, 179, 185, 187, 209, 215
  Reservedruck/ Reservierungsdruck 250
  Rouleauxdruck 14, 55, 250
  Siebdruck 14, 39, 250
  Tischdruck 250
Drummond, John 99
Ducharne, François 67
Duplexdruck *siehe* Drucktechniken

E
Efeu *siehe* Blätter
Eiche *siehe* Blätter, Bäume
Eichhörnchen *siehe* Tiere
Einhorn *siehe* Fabeltiere
Elefant *siehe* Tiere
Engel 207, 220
Elsass 99, 204

Enten *siehe* Tiere
Épinglés 247
epitaphios 209
Erdbeeren *siehe*
    Früchte
Erzgebirge, Sachsen 21

F
Fabeltiere 102-103,
    118, 119, 143
    Drache 103, 143,
    146, 227, 234,
    235
    Einhorn 235
Fächer 166, 170
Färben 24-25
    Abbindereservierung
    68, 130, 134, 143,
    244, 246
    Batiken 231, 246
    Beizen 24, 246
    Ikatfärberei 24, 25,
    147
    kasuri 130, 133, 192
    siehe auch Indigo
Farbstoffe 247
Farn *siehe* Blätter
Farne 45, 165
Fauvisten, die 151
Festival of Britain 27,
    111, 160-161
Figuren 21, 99, 134,
    157, 158, 159, 167,
    211, 213, 216, 218,
    219, 228, 230, 231,
    232, 238
Finnland 175
Fische *siehe* Tiere
Flachs 247
Flandern 16, 21, 65,
    121, 220, 232
Flechten 192-193
Fleur-de-Lys 32, 126,
    143, 247
Flieder *siehe* Blumen
Florale Muster 58-59,
    68-69
    Blumenkörbe 62-65

Blumensträuße
    66-67
Girlanden 21, 58, 63,
    70-71
Millefleurs 249
Foley, Jennie 241
Fortuny, Mario 46
Foulard 247
Foxton, William, Ltd.
    15, 26, 151
Franklin, Benjamin 239
Frankreich 12, 32, 33,
    29, 35, 43, 45, 47,
    59, 64, 65, 67, 71,
    85, 127, 150, 151,
    152, 154, 155, 159,
    162, 167, 169, 170,
    172-173, 174, 175,
    179, 184,185, 191,
    200, 201, 203, 204,
    210, 219, 222, 225,
    229, 239, 245
Früchte 9, 38, 43,
    52-53, 86, 98, 166,
    177
    Ananas 53
    Erdbeeren 25, 46,
    93, 176
    Granatäpfel 106,
    109, 122
    Trauben 52, 53, 69,
    209, 211
Fry, Roger 151
Futurismus 154

G
Gänse/hamsa *siehe*
    Tiere
Gärten 77, 91, 176-177
    siehe auch
    Landschaften
Garn 26-27
Garngefärbte Textilien
    247
Garrick, David: *Lethe*
    220
Garthwaite, Anna Maria
    49, 71

Geißblatt *siehe* Blumen
Gepäck 171
Gingham 200, 247
Girlanden *siehe* Florale
    Muster
Gitter/Gittermuster 69,
    192-193
Glen-Urquhart-Karo
    siehe Karos
Godwin, Edward
    William 109, 147
Gotik/gotisch 10, 26,
    78, 108, 211, 228
Gräser 54-55
Granatapfel *siehe*
    Früchte
Grant, Charles 141
Griechenland 19, 34,
    102, 134, 199, 205,
    207
Groteske 247
guilloche 121, 248

H
Hackett 201
Hahn *siehe* Tiere
Hahnentrittmuster
    siehe Karos
Haité, George Charles
    69, 81, 117
Hall, Peter 163
hamsa 104
Heals 49, 127, 145,
    153, 163, 189
Hoffman, Joseph 193
Holland 35, 144
Honitonspitze *siehe*
    Spitze
Horne, Herbert 207
Hsieh-Chai 103
Hulse, Clarissa 77, 165
Hulton, Mary 243
Hummer *siehe* Tiere
Hunde *siehe* Tiere
Hunter, Eileen 93

I
Ikatfärberei *siehe*
    Färben
Ikatstoff 193
Indien 11, 19, 25, 31,
    39, 42, 51, 63, 69,
    72-73, 86, 99,
    100-101, 102, 104,
    110, 130, 178, 185,
    188, 192, 193, 205,
    211, 224, 230, 233,
    237, 240
Indigo 54, 247
Indigo-Ätzdruck 35
Indonesien 231
Insekten 58, 82, 84-85,
    86, 243
    siehe auch Tiere
Irland 89, 203
Italien 13, 17, 20, 37,
    38, 41, 46, 59, 62,
    105, 119, 128, 178,
    222-223

J
Jacqmar Ltd. 167
Jacquardstoffe 12, 13,
    117, 248
Jacquardtechnik 13
Jagdszenen 73, 98,
    221, 226, 232-233
Japan 24, 29, 37, 44,
    53, 68, 81, 83, 87,
    88, 89, 91, 92, 93,
    95, 103, 109, 120,
    121, 124-125, 129,
    130, 132, 133, 134,
    139, 141, 142, 143,
    147, 152, 166, 170,
    171, 179, 185, 190,
    235
Joel, Betty, Ltd. 47
Jones, Owen:
    *Grammatik der
    Ornamente* 113
Jugendstil 8, 31, 33,
    39, 47, 59, 79, 80,
    81, 235, 248

K
kalamkari 117
Kalligrafie/Schrift 26,
    123, 168-169, 175,
    211
Kanada 199, 245
Kaninchen *siehe* Tiere
kantha 101
Karnies, karniesförmig
    29, 32, 68, 104, 105,
    106-107, 108, 109,
    140, 198
Karos 188, 190-191
    Buffalokaro 247
    Hahnentrittmuster
    248
    Glen-Urquhart-Karo
    201
Karten *siehe*
    Landkarten und
    Stadtpläne
Karton/Kartonvorlagen
    17, 217
Kartusche 22, 62
Kashani, Maqsud 168
kasuri siehe Färben
Kaukasien 23
Kelchtuch 37
Keltisch 9, 47, 248
Kente 248
kesa 43
Kette 12, 16, 17, 22,
    23, 123, 126, 138,
    195, 197
Kettenmuster 74
Kettenstich/-stickerei
    siehe Spitze
Kiefer *siehe* Bäume
Kiely, Orla 164
Kimonos 124-125, 248
Klee, Paul 161, 227
Klöppelspitze *siehe*
    Spitze
Knox, Archibald 47
Köperbindung 40, 142,
    143, 199, 200
Koi-Karpfen *siehe* Tiere

253

Register

Korea 94, 126
Kraniche *siehe* Tiere
Kreise 142-143
siehe auch Medaillons
Krepp 248
Kroki 249
Krokusse *siehe* Blumen
Krone 13
Kubismus 154, 231
Kupferplattendruck
   siehe Drucktechniken

L
Landkarten und
   Stadtpläne 236-237
Landschaften 214-215,
   240-241
Larcher, Dorothy 189
Lebensbaum 56-57,
   97, 114, 122
Le Brocquy, Louis 203
Leinwandbindung 12,
   249
Liberty & Co. 55, 97
Liseré 249
Löwen *siehe* Tiere
Logan, Muckett and
   Co., Manchester 95
Lottoteppiche 123
Luft- und Raumfahrt
   182-183
Lyon, June 161

M
Mäander 249
Mackintosh, Charles
   Rennie 80, 140, 144
MacMurdo, A. H. 97
McLeish, Minnie 15,
   87, 151
Madrasstoff 249
Mahler, Marian 147
Maschinen und
   Werkzeug 55,
   172-173
Maria Stuart, Königin
   von Schottland 18
Marx, Enid 131

Matisse, Henri 203
Mechlinspitze *siehe*
   Spitze
Medaillons 104,
   118-121
Mexiko 244, 245
Millefleurs *siehe* Florale
   Muster
Miró, Joan 161, 227
Mittelalterlich 10, 78,
   108, 109, 143, 206,
   211, 225, 235
Modeln 11, 14, 35, 51,
   104, 110
   siehe auch
   Drucktechniken,
   Modeldruck
Moguldesigns/
   Mogulmuster 11, 110
Mohnblumen *siehe*
   Blumen
Moiré 249
Moody, Helen Wills 227
Morris & Co. 11, 76, 79
Morris, William 17, 23,
   25, 27, 35, 45, 79,
   83, 91, 93, 97, 103,
   109, 123, 211
Mosaikmuster 249
Mosaikfußboden 216
Muscheln *siehe* Tiere
Musterbuch 13, 29, 81,
   87, 171
Mythologie/
   mythologisch 17, 39,
   82, 96, 100,
   102-103, 118,
   208-209, 224,
   234-235
   siehe auch Fabeltiere

N
Nadelmalerei 18, 19,
   42, 70, 102, 249
Nadelspitze *siehe*
   Spitze
Napper, Harry 59, 235
Narzissen *siehe* Blumen

Naturalismus/
   naturalistisch 11, 17,
   31, 41, 53, 54, 58,
   59, 61, 65, 66, 67,
   75, 76-77, 78, 85,
   86, 90, 91, 106, 113,
   138, 202, 210, 211
Navajo 156-157
Nicholson, Nancy 235
Niederlande 16, 63, 83,
   208, 232
Nixon & Co. 238
noren 89
Norwegen 136

O
Oberkampf, Christophe-
   Philippe 238
Obst *siehe* Früchte
Oktopus *siehe* Tiere
Oliver, Mary 181
Ombré 249
Omega Workshops 133,
   140, 151
Optische Illusionen
   144-145, 173, 184
opus anglicanum *siehe*
   Spitze
Osmanisches Reich,
   osmanisch 29, 30,
   42, 43, 52, 64, 65,
   105, 106, 107, 116,
   119, 123, 177, 212,
   219, 241
Oxburgh Hall 18

P
Paisley/-motiv/-muster
   13, 31, 104, 114,
   116-117, 186, 244
Pakistan 31, 99, 129,
   191
palampores 51, 56, 86,
   224
Palmer, Sue 183
Papageien *siehe* Tiere
Papierkleid 33
Parker, Mary 148

Patchwork 148-149
Pelikan *siehe* Tiere
Persien 22, 23, 118,
   138, 188, 211, 214,
   217, 122-123, 126,
   137, 168, 217, 222,
   240
Peru 158-159
Pfauen *siehe* Tiere
Pferde *siehe* Tiere
Pfingstrosen *siehe*
   Blumen
Poiret, Paul 154, 196
Politowicz, Kay 15
Präkolumbianisch
   158-159
Priestley, Sylvia 39
Psychedelische Muster
   145, 162-163
Pugin, A. W. N. 26, 35,
   78, 105, 108, 113, 143

Q
Quadrate 132-133
Quilt/quilten, 73, 101,
   149

R
Radford, Emma 86
Rapport 14, 15, 39, 46,
   58, 59, 60, 63, 70,
   104, 128, 149, 171,
   174, 178, 179, 180,
   203, 222, 239
Raporthalbversatz 10,
   99, 171, 223
Rapportmuster 6, 29,
   30, 31, 40, 42, 53,
   61, 64, 66, 67, 69,
   76, 83, 91, 97, 99,
   100, 108, 110-113,
   117, 126, 127, 134,
   135, 137, 143, 154,
   155, 157, 162, 165,
   166, 167, 172, 173,
   174, 179, 181, 183,
   184, 198, 209, 215,
   228, 240

Rapportstruktur 23
Raster und Streifen
   198-199, 184- 203
Raupen *siehe* Tiere
Raumfahrt *siehe*
   Luft- und Raumfahrt
Rauten/-förmig 19, 68,
   69, 71, 95, 108, 113,
   135, 136-137, 138,
   139, 148, 149, 156,
   157, 185, 186, 198,
   199, 219
Reeves, Ruth 231, 233
Renaissance 62, 78,
   105, 107, 112, 113
Reservedruck/
   Reservierungsdruck
   siehe Drucktechniken
Rhodes, Zandra 11
Rittersporn *siehe*
   Blumen
Robert Jones & Co. 96
Rokokomuster 19, 21,
   49, 64, 71, 250
Rorschach, Hermann
   113
Rosen *siehe* Blumen
Rosetten 118-121
Rouleauxdruck *siehe*
   Drucktechniken
Russland 234

S
St. Edmundsbury
   Weavers 131
Sampe, Astrid 189
Sanderson, Arthur, &
   Sons 77
sarasa 185
Schere 173
Schildkröten *siehe* Tiere
Schirme 171, 205
Schmetterlinge *siehe*
   Tiere
Schottenkaros 8, 184,
   188, 190, 194, 195,
   196, 197, 200-201

Schottenmuster 194, 195, 200–201
 siehe auch Tartan
Schottland 9, 33, 49, 80, 85, 113, 140, 144, 194, 195, 196, 197, 219
Schraubösen 173
Schrift *siehe* Kalligrafie
Schuss 250
Schwäne *siehe* Tiere
Schwalben *siehe* Tiere
Schweden 135, 189, 217, 230
Seeleute 33
Selby, Margo 165
senmurv 118
seraser 119
Sheldon-Werkstätten 17, 98, 208, 236, 243
Shibori 250
Siebdruck *siehe* Drucktechniken
Silver Studios 47, 79, 97, 241
Slade, S. M. 161
Sonnenblumen *siehe* Blumen
Soumachtechnik 138
Spandrille (Bogenzwickel) 126
Spanien 37, 126, 168
sperveri 19
Spielkarten 170
Spielzeug 174–175
Spiralmuster 152–153
Spitalfields, London 42
Spitze
 Brüsseler Spitze 21, 53
 Honitonspitze 86, 121
 Kettenstich/-stickerei 11, 31, 101, 230
 Klöppelspitze 20, 21, 86, 220–221
 Mechlinspitze 65
 Nadelspitze 20
 opus anglicanum 228
 Stickspitze 20
 Torchonspitze 21
Spitzenanfertigung 10, 20, 45
Sport 226–227
Squires, Eddie 163
Steichen, Edward 171
Stickmustertücher 37
Sticken 18–19
 siehe auch Nadelmalerei
Stickspitze *siehe* Spitze
Straub, Marianne 139, 160, 161
Strauß *siehe* Tiere
Streifen, 186–187, 188–189, 247–250
Südamerika 154, 158–159

T
Talbert, Bruce J. 53
Tamil Nadu 193
Taoismus/taoistisch 44, 94, 125, 207
Tapisserie 140, 204
Tartan/-muster/-karos 190, 194–197, 200
 siehe auch Schottenkaros
Tauben *siehe* Tiere
Teppiche 16, 22, 134, 242
 britische/englische 23, 35, 45, 153, 154, 165
 französische 229
 indische 63, 69, 240
 kaukasische 23
 norwegische 136
 Orientteppiche 22, 122–123
 persische 22, 23, 122–123, 126, 137, 168, 217
 turkmenische 135
Teppichknüpfen 22–23
Tiere
 Bienen 84, 85
 Drosseln 25, 93
 Eichhörnchen 83
 Elefanten 25, 37, 82, 84, 100–101
 Enten 92
 Fische 88, 89, 120, 159, 227
 Gänse/*hamsa* 94, 104
 Hahn 102
 Hummer 89
 Hunde 154, 215, 221
 Kaninchen 82, 83
 Kraniche 82, 88, 94–95, 125, 133
 Löwen 83, 118, 119, 217, 224, 232, 233
 Muscheln 64
 Oktopus 89
 Papageien 143
 Pelikan 138
 Pfauen 81, 82, 96–97, 103, 122
 Pferde 82, 98–99, 227
 Raupen 82, 84, 85
 Schildkröten 125, 133
 Schmetterlinge 15, 66, 86–87, 92, 215
 Schwäne 93
 Schwalben 93
 Strauß 83
 Tauben 155
 Wachtel 90
 siehe auch Vögel, Insekten, Wassertiere, Fabeltiere
Timney Fowler Ltd. 181, 223
Timorous Beasties 85, 113, 219

Tischdruck *siehe* Drucktechniken
Toiles 99, 214, 218–219, 220, 238–239
Topolski, Felix 39
Torchonspitze *siehe* Spitze
Tournaiteppich 17
Townsend, Charles Harrison 113
Transsylvanien 22
Trevelyan, Julian 231
Trompe-l'œil 250
Tuchbindung 12, 249
Tulpen *siehe* Blumen
Tunesien 185
Turkmenistan 135
Tweedmuster 200–201

U
Uhr 172
Ungarn 245
USA 53, 147, 156–157, 171, 182, 185, 197, 205, 227, 231, 233, 237, 245
Usbekistan 147

V
Versatz *siehe* Rapport
Victoria, Königin 195, 196
Vielecke 134–135
Vierpass 126, 249
Vögel 16, 21, 23, 25, 33, 39, 46, 82, 90–97, 187
 siehe auch Tiere
Vogelaugenmuster 246
Voluten/-muster 21, 32, 79, 85, 94, 104, 123, 137, 146, 153, 163, 169
Volant 21, 121, 210, 215, 220, 221
Voysey, C. F. A. 39, 46, 49, 213, 225, 241

W
Wachtel *siehe* Tiere
Walton, Allan 133, 141
Wappen 16, 240, 242–243
Warner & Sons 163, 183
Washington, George 239
Wassertiere 88–89
 siehe auch Tiere
Waters, Daniel, & Sons 13
Watteau, Antoine 217
Wealleans, Jane 223
Webb, Philip 83, 93
Weben 12–13
Weide *siehe* Bäume
Wellen 140–141, 184
Werkzeug 172–173
Westwood, Vivienne 201
Wiener Werkstätte 87, 193, 202
Wiesenblumen und Gräser *siehe* Blumen
Wilson, Scottie 187
Wolken 51, 125, 146
Würfel/-muster 170, 184, 188
Wurzel Jesse 206

Y
yuzen 44, 48, 51, 83, 124, 141, 250

Z
Zahnräder 173
Zickzackmuster 95, 128–131, 157
Züge 174

255

Dank und Bildnachweis

DANK DES AUTORS
Ich danke Jason Hook, weil er dieses Werk ermöglicht hat, und meiner Lektorin beim Originalverlag Sanaz Nazemi, dank der die Zusammenstellung des Materials zu einer angenehmen und lohnenden Erfahrung wurde. Ferner geht mein Dank an Elaine Lucas vom Victoria and Albert Museum für ihr unerschrockenes Bemühen bei der Recherche nach Bildmaterial sowie an Katie Greenwood für ihre harte Arbeit und große Unterstützung. Auch meine Kollegin Kerry Walton hat mit ihrem Fachwissen auf dem Gebiet der zeitgenössischen Textilien zu diesem Projekt beigetragen. Nicht zuletzt danke ich Lynne Edwards für die allseitige Hilfe, die sie mir und diesem Buch hat angedeihen lassen.

DANK DES ORIGINALVERLAGS
Ivy Press bedankt sich bei der Design Library für die Erlaubnis zur Benutzung des folgenden Werks: Meller, Susan, und Elffers, Joost, Textile Designs: 200 Years of Patterns for Printed Fabrics Arranged by Motif, Colour, Period and Design, Abrams, New York 1991, und dankt auch den Museés des Tissus et des Arts Décoratifs, 34 rue de la Charité, 69002 Lyon, für ihre Unterstützung, ebenso dem Royal Ontario Museum und Simon Seivereight. Ein besonderer Dank geht an das Victoria and Albert Museum sowie an V & A Images für ihre Hilfe bei dieser Publikation.

Der Verlag dankt den nachfolgend aufgeführten Personen und Organisationen für ihre freundliche Genehmigung zum Abdruck des Bildmaterials in diesem Buch. Alle Angaben zu Urheber- und Bildrechten wurden nach bestem Wissen und Gewissen gemacht. Sollte unbeabsichtigt eine Angabe unterblieben sein, bitten wir, dies zu entschuldigen.

BILDNACHWEIS
Mit folgenden Ausnahmen wurden alle Abbildungen mit freundlicher Genehmigung und © von V & A Images, Victoria and Albert Museum, abgedruckt:

Kunstarchiv/Museo Arqueológica Rafael Larco Herrera: 159 (oben links). Bridgeman Art Library: 203 (unten rechts), Louis le Brocquy, „Flight", 1955, Leinen mit Siebdruckmuster, © der Künstler. Neisha Crosland: 77 (unten rechts), 131 (unten), 153 (unten rechts), 165 (unten rechts), 187 (unten rechts). Design Library: 147 (unten links), 151 (unten links), 152 (rechts), 154 (links), 159 (unten), 162, 167 (rechts), 169 (oben rechts), 170 (rechts), 172, 173 (oben links), 174, 175 (oben), 182, 184, 185 (oben rechts), 191 (oben, unten links), 197 (unten links), 200, 201 (oben links), 203 (oben links, oben rechts, unten links), 225 (unten links), 226 (oben links, unten links), 245 (oben links, unten rechts). Clarissa Hulse: 77 (unten links), 165 (oben rechts). Orla Kiely: 164. Marimekko: 175 (rechts). Musée des Tissus et des Arts Décoratifs: 173 (oben rechts, unten links, unten rechts), Foto von Pierre Verrier. Osterly Park and House, The National Trust: 60 (unten rechts). Royal Ontario Museum © ROM: 156–157, 158 (links), 199 (rechts), 202, 222 (links), 244, 245 (oben rechts, unten links). Margo Selby: 165 (oben links), Timorous Beasties: 85 (unten rechts), 113 (unten rechts), 165 (unten links), 219 (unten rechts). Sue Timney and Timney Fowler Fabrics: 181 (rechts), 223 (unten rechts).